Brauchtum übers Jahr im alten Bayern

Peter Mayer
Sigi Gehmacher

Brauchtum übers Jahr

im alten Bayern

Knürr

Sperberstr. 23 - 81827 München
Tel. 089-43 76 61 00 - Fax 089-439 29 86
www.knuerr-verlag.de / knuerr-verlag@t-online.de

Redaktion und Herstellung: ServiceBüro Burgauner
Umschlag: Christoph Burgauner, München

Fotos: Rosa und Hans Fürmann,
Anton Hötzelsberger, Johanna Sänze

Druck: Finidr s.r.o., CZ

ISBN 978-3-928432-45-0

Inhalt

Die staade Zeit

Frühlingslüftl

Der Sommer ziagt ins Land

Es herbstelt

Vorwort

Brauchtum und Sitte, Lied und Sprache sind Ausdrucksmittel einer Kultur. Und in allen Kulturkreisen dieser Welt wurden seit jeher besondere Anlässe mit besonderen Ritualen und Zeremonien begangen und gefeiert, wobei viele Feste einen religiösen, manche auch einen heidnischen Hintergrund haben.

Der Erhalt unsererBräuche, des Lied- und Kulturguts ist die Aufgabe der Zirmstiftung Schusterhof in Bergen.

Als ich Mitte Oktober 2008 den Ortsheimatpfleger von Bergen, Sigi Gehmacher, auf die Idee ansprach, eine Ausstellung über Weihnachtsbräuche im Schusterhof zu machen, war dieser anfangs furchtbar skeptisch, ebenso wie Flori Seestaller, den ich ebenfalls mit dieser Idee konfrontierte.

Als ich den beiden dann bei unserer ersten Besprechung am 18. Oktober 2009 eröffnete, dass ich die Ausstellung bereits ab November 2009 im Schusterhof zeigen wollte, erklärten mich beide für verrückt. Und dennoch ist es diesen beiden Männern zu verdanken, die mich mit Informationen versorgt und unterstützt haben, dass bereits zum 1. November 2009 die Ausstellung „Vom Seelenzopf zum Pfennigliachterl" eröffnet werden konnte.

Nachdem wir auf diese Ausstellung eine unglaublich positive Resonanz erfuhren, beschlossen Sigi und ich, das Ganze weiterzuführen. Die zweite Ausstellung „Vom Blasius zum Osterlamm" wurde vorbereitet und im Februar 2010 eröffnet.

Auch diese Ausstellung kam bei den Besuchern sehr gut an, so dass es keine Überlegung mehr gab, den dritten Block unter dem Titel „Vom Maitanz zur Kirtahutsch" der Öffentlichkeit zu präsentieren. Diese Ausstellung wurde im Mai 2010 eröffnet.

Nun hatten wir ein ganzes Jahr Brauchtum beisammen, und es lag nahe, das Ganze in einem kleinen Buch zusammenzufassen. Dieses Bücherl halten Sie, verehrter Leser, in den Händen.

Wir haben darin die Bräuche im alten Bayern und natürlich auch die Bergener Bräuche nach bestem Wissen zusammengetragen, erheben aber keinerlei Anspruch auf Vollständigkeit. Auch wissen wir, dass lebendiges Brauchtum deshalb lebendig ist, weil es teilweise jenseits der Dorfgrenze bereits anders, wenn auch ähnlich, praktiziert wird.

Unser Ziel war und ist es, die Bräuche, so wie sie bei uns in der Region gelebt werden, festzuhalten, damit die Alten sich erinnern und die Jungen sie erhalten.

In diesem Sinne wünschen wir Ihnen viel Vergnügen bei der Lektüre.

Peter Mayer
Sigi Gehmacher

Zirmstiftung Schusterhof
Schellenberg 3 , 83346 Bergen
www.schusterhof.org

Danksagung

Für die wunderbaren Bilder, die sie uns kostenlos zur Verfügung gestellt haben, gilt unser besonderer Dank

Rosa und Hans Fürmann,
ROHA-Fotothek Fürmann, Filzweg 14, 83317 Teisendorf
Tel.: 0049-(0)8666-6175 / Fax: 0049-(0)8666-981948
www.roha-fotothek@gmx.de

sowie Herrn Anton Hötzelsberger,
Journalist, Büro für Öffentlichkeitsarbeit,
Fax: 08051-63029, Mobil: 0179-5021524

und Frau Johanna Sänze, 83346 Bergen

Bedanken möchten wir uns auch bei den Förderern dieses Buchs:

a.b.s. Rechenzentrum GmbH,
Frauenstraße 32, 80469 München, www.abr-rz.de

Volksbank Raifeissenbank Oberbayern Südost eG

Hofbräuhaus Traunstein

Die staade Zeit

1. November: Allerheiligen

Allerheiligen, begangen am 1. November, gilt als eines der Hochfeste der römisch-katholischen Kirche.

Es ist wichtig zu wissen, daß an Allerheiligen ALLER Heiligen gedacht wird, also auch derer, die nicht heilig gesprochen wurden und um deren Heiligkeit kein anderer weiß als Gott.Der Tag nach Allerheiligen ist der Allerseelentag. An diesem Tag gedenken wir der armen Seelen im Fegefeuer.

Die mit dem Allerseelentag verbundene Gräbersegnung wird in unserer Region bereits auf den Allerheiligentag verlegt. Hierzu werden die Gräber geschmückt und „das Kerzerl" angezündet.

Verbunden mit dem Allerseelentag ist der Seelenzopf.

Seelenzopf

Vom oberösterreichischen Inn- und Hausruckviertel bis zum Chiem- und Rupertigau waren aus Hefeteig geflochtene Zöpfe sehr beliebt als Allerseelengebäck. Ein derartiger aus Hefeteig geflochtener Zopf wurde vom Göd oder der Goden (Taufpaten/Taufpatin) an sein/ihr Taufkind verschenkt. Der Zopf soll an die armen Seelen erinnern und das Kind ermahnen, ein guter Mensch zu sein.

Dieser Brauch hat sich bis heute erhalten.

Über d'Stuck und den Zelten

Am Tag vor Allerheiligen war auch im Chiemgau das Stuck-Gehen der Brauch. Die Kinder des Dorfes gingen mit dem Spruch: „Bitt gar schee um d'Stuck" von Haus zu Haus. Von den „Großzügigen" wurden sie beschenkt, von den „Geizigen" wurden sie abgewiesen.

Als Dank für d'Stuck oder eine andere kleine Gabe versprachen die Kinder, für die im vergangenen Jahr Verstorbenen des Hauses zu beten. Ursprünglich durften nur Waisenkinder und Kinder armer Leute gehen. Dieser Tag wurde im Volksmund auch der „Zeltentag“ genannt. Das Stuck hatte nämlich die Form eines Lebzelten (Lebkuchen).

Wenn man der Herkunft des Wortes „Lebzelten“ nachforscht, kommt man auf die Begriffe „Leben“ oder auch „gebackener Laib“. Der Zeltentag stellte also für die „Stuckgeher“ auch das Bitten um Leben, nämlich Nahrung, dar.

Wann der Brauch des Stuckgehens entstanden ist, kann heute niemand mehr sagen. Während des nationalsozialistischen Regimes wurde er verboten und wird auch heute im Gegensatz zu vielen anderen, damals verbotenen Bräuchen, leider nicht mehr gepflegt. Vielmehr werden wir heute von Organisationen, die sich für hilfsbedürftige Menschen engagieren, in der Vorweihnachtszeit mit Postkarten und Briefen überhäuft. Dabei handelt es sich, wenn man so möchte, um die moderne Art des Stuckgehens.

O Mensch bedenke, was du bist
Hier lerne was dein Leben ist.

Stuck/Zelten (links) und Seelenzopf (rechts) in unserer Ausstellung auf dem Schusterhof. Das gusseiserne Grabkreuz stammt von der Maxhütte Bergen und ist eine Leihgabe des Museums Blauer Anger in Bergen.

6. November - St. Leonhard/Leonhardi

Vom Leonhard wird erzählt, daß er um 600 n. Chr. als Einsiedler bei Limoges (Frankreich) lebte und wirkte. Sein Leben widmete er der Fürsorge bei der Wiedereingliederung von Gefangenen. Sein Ziel war es, dass sie durch redliche Arbeit ihren Lebensunterhalt selbst bestreiten konnten und nicht mehr von Einbruch, Diebstahl oder sonstigen Untaten leben mussten. Der heilige Leonhard wird daher als im

schwarzen Mönchsgewand gekleideter Heiliger dargestellt, der Ketten in den Händen hält.

Im 16. Jahrhundert sind die Gefangenenketten in Viehketten umgedeutet worden. Seit dieser Zeit wird der hl. Leonhard als Patron für alle Nöte in Haus und Hof, in Familie und Stall angerufen.

Der Leonhardiritt

In Inchenhofen (Landkreis Aichach-Friedberg) entstand im 15. Jahrhundert der Leonhardritt, der anfangs in der Kirche und später als Umritt um die Kirche durchgeführt worden ist. Mitte des 20. Jahrhunderts kam es durch die zunehmende Technisierung der landwirtschaftlichen Betriebe zu einem starken Rückgang der Rossbestände.

Die Geistlichkeit hoch zu Ross darf beim Leonhardiritt nicht fehlen.

Ende des 20. Jahrhunderts erwachte das Interesse der Gesellschaft an der Freizeitgestaltung mit Pferden. Auch im Bereich der Forstwirtschaft hat man die Nützlichkeit von Kaltblütern für die Holzbringung erkannt.

Dadurch kam es wieder zu einem Anstieg der Pferdebestände. Im oberbayerischen Voralpenland gibt es heute wieder viele Orte mit Leonhardifahrten und -ritten. Im Chiemgau zählen zu den bekanntesten Leonhardifahrten unter anderem die von Grassau nach Weiher zur dortigen Leonhardikapelle und die von Truchtlaching.

Das Bergener Leonhardifest war ein Fest der Berg- und Hüttenleute.

Die Verbindung des hl. Leonhard zum Eisen der Pferde und anderer Vieh- und Fuhrleute erklärt sich aus seiner Legende. Der hl. Leonhard war deshalb wohl gerade in Bergen und der Umgebung ein von Berg- und Hüttenleuten, Bauern und Fuhrleuten gleichermaßen geschätzter Helfer und Schutzpatron.

Das Leonhardifest entstand 1822/23, als das Bergamt den Beschäftigten der Maximilianshütte zur „Aufmunterung und Aneiferung“ eine jährliche Zulage gewährte. Diese Beträge wurden nicht ausbezahlt, sondern mehrere Jahre gesammelt. Mit dem Geld richtete die Werksverwaltung das etwa alle zehn Jahre stattfindende Leonhardifest aus.

Die Feierlichkeiten dauerten den ganzen Tag und begannen mit einem Festgottesdienst am Vormittag. Anschließend

gab es für alle Beschäftigten ein Mahl, dem gesellige Unterhaltung mit Musik folgte. Den Höhepunkt bildete das abendliche Ballfest. 1909 fand das letzte Leonhardifest statt, denn 1919 und auch 1920 verzichteten die Arbeiter angesichts der bedrückenden Wirtschaftslage der Nachkriegszeit auf dieses Ereignis. Stattdessen folgte man einem Vorschlag des Ortsverbandes Bergen des Deutschen Metallarbeiterverbandes und einzelner Vertreter der Belegschaft und verteilte das gesammelte Geld (923 Mark 78 Pfennige) an Pensionisten und Witwen zur Linderung der Not. Gleichzeitig wurde die Leonhardikasse aufgelöst.

(Text: Barbara Rawitzer)

11. November - St. Martin:

Der Heilige Martin von Tours war ab 334 n. Chr. als berittener Soldat der kaiserlichen Garde in Amiens (Frankreich) stationiert. Die Soldaten trugen über ihrem Schutzpanzer einen weißen Überwurf, die Chlamys, der aus zwei Teilen bestand und im oberen Teil mit Schaffell gefüttert war.

Die Legende um Martin sagt, daß er an einem kalten Wintertag am Stadttor von Amiens einem frierenden Bettler begegnete. Da Martin außer seinen Kleidern und seiner Waffe nichts bei sich hatte, was er dem Mann hätte geben können, teilte er kurzerhand die Chlamys mit seinem Schwert in zwei Hälften und gab eine davon dem Bettler.

In der darauf folgenden Nacht erschien Martin in einem Traum Christus, bekleidet mit dem halben Mantel, den Martin dem Bettler gegeben hatte.

In der Folgezeigt entstanden etliche Erzählungen von den Wundern Martins. Eine Überlieferung besagt, dass Martin im Jahr 371 in der Stadt Tours zum Bischof ernannt werden sollte. Martin empfand sich für dieses Amt als unwürdig und versteckte sich in einem Gänsestall. Sein Versteck wurde durch das aufgeregte Schnattern der Gänse verraten. So musste Martin doch das Bischofsamt annehmen. Hiervon leitet sich auch die Tradition ab, an oder um Martin herum die Martinsgans zu essen.

Ein jüngerer Brauch ist der St.-Martins-Zug, bei dem die Kinder mit ihren selbst gebastelten Laternen dem heiligen Martin folgen und Martinslieder singen.

St. Martin, wie ihn wenige kennen:
Als Tag des Zehnts, Abgabe eines Teils der Ernte.

Der Tag des Zehnts

St. Martin war aber auch der Tag des ***Zehnts***. Steuern wurden fällig, Pacht-und Mietverträge wurden verlängert oder beendet. Die Getreidelager (Troadkästen) waren voll, die Ernte unter Dach, das überzählige Vieh verkauft, nun kam der Steuereintreiber. Vom „Zehnt“ stammen auch die Begriffe Zehentstadel, Zehenthof und Zehentbauern, wohin die Abgaben gebracht werden mussten.

25. November - St. Katharina/Kathrein:

Katharina von Alexandrien zählt zu den 14 Nothelfern. St. Katharina ist Schutzpatronin der Näherinnen und Schneiderinnen.

Katharina wird als junge, schöne und vor allem intelligente Frau beschrieben. Sie lebte um 300 n. Chr. sehr zurückgezogen und gottesfürchtig. Einen Namen machte sie sich, als der römische Kaiser Maxentius Christen zum Tode verurteilte und Katharina ihn fragte, ob nicht er zum Christentum übertreten wolle, statt von den Christen Götzenopfer zu verlangen oder sie gar umzubringen.

Maxentius ließ sich auf die Diskussion ein und bestellte 50 seiner besten Philosophen und Weisen zu einer öffentlichen Auseinandersetzung.

Katharina brachte in diesem Gespräch solch einleuchtende Argumente, dass sich alle 50 zum Christentum bekehrten. Weil seine Gelehrten Katharina nicht bekehren konnten und statt dessen sich nun selbst zum Chrsitentum bekannten, ließ Maxentius gleich alle 50 auf den Scheiterhaufen werfen.

Von Katharina aber war er dermaßen angetan, dass er ihr mehrmals anbot, seine Kaiserin zu werden. Katharina lehnte

Die Heilige Katharina, Gemälde von Michelangelo Merisi

natürlich ab und wurde daraufhin gegeißelt und für 12 Tage ohne Nahrung in ein Verließ gesperrt. Dann sollte sie gerädert werden. Auf Katharinas Gebet hin kam ein Engel und zerstörte das Rad. Letztendlich wurde Katharina enthauptet.

Ab Kathrein werden bis übers neue Jahr weg keine Vergnügungs-Veranstaltungen mehr abgehalten. Daher der Spruch:

„Kathrein stellt den Tanz ein“

„Margareta mit dem Wurm, Barbara mit dem Turm, Katharina mit dem Radl, das sind die drei heiligen Madl.“

30. November - St. Andreas

Die **Andreasnacht** ist die Nacht zum 30. November (Andreastag), dem Todestag des Hl. Andreas. Diese Nacht ist eine so genannte Losnacht, wie auch Weihnachten, Silvester oder Hl. Thomas (21.12.). Nach altem Volksglauben ist eine solche Nacht besonders dazu geeignet, den gewünschten künftigen Ehepartner an sich zu binden oder erstmal herauszufinden, wer es denn sein wird. Dies begründet sich darin, dass der Hl. Andreas nicht nur Schutzheiliger der Fischer, sondern auch der Liebenden und des Ehestandes ist.

Die Bräuche hierzu variieren: man schaut ins Feuer und

sagt ein Sprüchlein oder Gebet auf (Andreasgebet), und im Feuer oder Spiegel soll dann der Zukünftige erscheinen. Oder man isst eine Semmel in drei Bissen, und wer einem dann als erster begegnet, soll es sein, usw.

Ein Andreasgebet

Heiliger Andreas, ich bitt' dich,
Bettstatt, ich tritt dich,
lass mir erscheinen
den Herzallerliebsten meinen!

Ein anderer Brauch ist das Pantoffelwerfen, bei dem ein unverheiratetes Mädchen seinen linken Pantoffel über die Schulter zur Tür wirft. Wenn der Pantoffel mit der Spitze zur Tür fällt, bedeutet das, dass sie im kommenden Jahr heiraten wird.

Bauernregeln:

– An St. Andreas Schnee, tut dem Korne weh.

– Hält St.Andrä den Schnee zurück,
so schenkt er reiches Saatenglück.

Zum Sonntag vor St. Andreas sind es nun noch vier Sonntage vor Weihnachten. Mit St. Andreas beginnt die Adventszeit.

Die Adventsonntage

Der Grund für die unterschiedliche Länge der Adventszeit (im Gegensatz zur Fastenzeit, die eine feste Länge hat), liegt in der Tatsache, dass der Beginn an einen Sonntag gebunden ist, das Ende aber an einen Monatstag, den 24. bzw. 25. Dezember.

Der vierte Adventssonntag ist dabei der letzte Sonntag vor dem 25. Dezember, womit sich als frühest mögliches Datum der 18. und als spätest mögliches der 24. Dezember ergibt. Daraus folgt, dass die Adventszeit am Sonntag zwischen dem 27. November und dem 3. Dezember beginnt.

Bis Ende der 50er Jahre waren an den ersten drei Sonntagen vor dem heiligen Abend in Traunstein, vermutlich auch in anderen Kreisstädten, die Läden offen. Es war dies für die Leute vom Land eine gute Gelegenheit, ihre Weihnachtseinkäufe in der Stadt zu tätigen. Man nannte diese Tage den „Bronzenen, den Silbernen und den Goldenen Sonntag".

Die Geschäftsleute und Gastwirte machten „a guat's Gschäft". Für sie waren es wirklich bronzene, silberne und goldene Tage!

Der Adventskranz

Die ursprüngliche Symbolik ist die Zunahme des Lichtes als Ausdruck der steigenden Erwartung auf die Geburt Jesus hin, der im christlichen Glauben als „Licht der Welt" bezeichnet wird.

Der Adventskranz wurde von Johann Hinrich Wichern (1808–1881) eingeführt. Der Erzählung nach nahm der Hamburger Theologe sich einiger Kinder an, die in großer Armut lebten. Er zog mit ihnen in ein altes Bauernhaus und betreute sie dort. Da die Kinder während der Adventszeit immer fragten, wann denn endlich Weihnachten sei, baute er 1839 aus einem alten Wagenrad einen Holzkranz mit 19 kleinen roten und vier großen weißen Kerzen. Jeden Tag der Adventszeit wurde nun eine weitere kleine Kerze angezündet, an den Adventssonntagen eine große Kerze mehr, sodass die Kinder die Tage bis Weihnachten abzählen konnten. Aus dieser Idee hat sich der heutige Adventskranz mit vier Kerzen entwickelt.

Der Paradeiser

Der Paradeiser, oftmals auch „Paradeisl" genannt, hat dieselbe Funktion wie der Adventskranz. Auch er soll durch das Anzünden von immer mehr Kerzen das kommende „Licht der Welt" symbolisieren. Der Paradeiser besteht aus vier roten Äpfeln, die durch meist kunstvoll handgeschnitzte oder bemalte Stöckerl zu einer Dreieckspyramide verbunden werden. Der Paradeiser steht auf einem mit Gebäck, Äpfel und Nüssen verziertem Teller in der Stube.

Auf jedem Apfel steckt eine Kerze, die an den Adventssonntagen angezündet werden, jeden Sonntag eine mehr. Am vierten Adventssonntag wird die letzte Kerze an der Spitze des Paradeisers entzündet.

Die Klöpfelnächte

Das Klöpfeln ist bzw. war ein aus dem Mittelalter stammender Brauch. An den drei Donnerstagen der Adventszeit wurde in den frühen Abendstunden nach Einbruch der Dämmerung geklöpfelt. Am vierten Donnerstag durfte nicht gegangen werden, denn sonst, so heißt es, ging „da Deifi mit".

Kinder ziehen von Haus zu Haus, klopfen an die Tür und singen Adventslieder. Sie bekommen dann als Belohnung für Gesang und Segenswünsche „Heischegaben", z.B. Lebkuchen, Guadln, Kletzenbrot, Äpfel, Nüsse und mittlerweile auch „a bisserl Geld".

Unheil und Böses wollte man mit dem ursprünglich heidnischen Brauch in den dunkelsten Nächten des Jahres vertreiben. Ab dem 18. Jahrhundert waren Städte und Gemeinden angehalten, diesen immer weiter ausufernden „Bettelbrauch" Einhalt zu gebieten.

Während des nationalsozialistischen Regimes wurde das Klöpfeln sogar unter Strafe gestellt, durfte es doch zu dieser

Oben: „Klöpfler“
Rechte Seite: Paradeiser (oben), das Wagenrad und der Adventskranz, wie wir ihn kennen.

Zeit keine „Bettelei“ geben! Nach Ende des zweiten Weltkrieges jedoch erinnerte man sich, wahrscheinlich auch wegen der Hungersnot, an diesen Brauch. Heute wird das Klöpfeln in einzelnen Gemeinden noch praktiziert.

Übrigens gibt es laut Brockhaus zwei Erklärungen für die Klöpfelnächte: „So könnte diese Sitte an die ersten Christen erinnern, die sich zu ihren heimlichen Zusammenkünften durch ein festgelegtes Klopfzeichen verabredeten.

Andere Deutungen sagen, das Klopfen stamme aus den schlimmsten Zeiten der Pest, als die Menschen von Haus zu Haus gingen und Erbsen gegen die Fensterläden warfen, um festzustellen, wer noch lebte.

Abendgebet

‘Klopfet an, so wird euch aufgetan’ - mit diesem Bibelspruch als Hinweis auf die Herbergssuche erklärte dagegen im 15. Jahrhundert die Kirche den Sinn dieser Nächte.“

Das Klöpfellied
(so wias zum Beispiel in Bergen g’sunga werd)

Wir ziehen daher, so spät in der Nacht,
denn heid is de heilige Klöpfalanacht.
Denn heid is de heilige Klöpfalanacht.

Wir ziehen daher, zum Bauern sei Eck,
mia heans scho, mia sengs scho, de san scho im Bett,
Mia heans scho, mia sengs scho, de san scho im Bett.

Mia wünschen den Hausleit a seeligs neis Jahr,
a Christkindl a Christkindl, mit aufkrauste Haar,
A Christkindl a Christkindl, mit aufkrauste Haar.

Mia kennan ned do bleibn, mia müssn wieda geh,
füa des, wos ma kriagt ham, bedank ma uns schee,
Füa des, wos ma kriagt ham, bedank ma uns schee!

4. Dezember - St. Barbara

Barbara lebte um 300 n. Chr. in der Stadt Nikomedia, dem heutigen Izmit in der Türkei. Obwohl Sie aus einem reichen Elternhaus stammte, war sie sehr einsam, weil ihr Vater, ein Heide, seine Tochter so sehr liebte, dass er sie der Erzählung nach in einen Turm sperren ließ, wenn er außer Hauses war. So kam es, daß sich Barbara dem christlichen Glauben zuwandte und taufen ließ.

Als ihr Vater von einer Reise zurückkam, stellte er fest, dass in dem Turm, in den er seine Tochter einsperren hatte lassen, statt vorher zwei nun drei Fenster waren, und stellte Barbara zur Rede. Sie gestand ihm, dass sie Christin geworden sei und zum Gedenken an die heilige Dreifaltigkeit drei statt zwei Fenster im Turm haben wollte.

Der entsetzte Vater tat alles, um seine Tochter von ihrem Glauben loszureißen, merkte jedoch bald, dass dies sinnlos war. Aus seiner Wut und Enttäuschung heraus zeigte ihr Vater selbst Barbara an, Barbara wurde eingesperrt und zu Tode gefoltert.

Um den 4. Dezember als Gedenktag an diese Märtyrerin rankt sich ein reiches Brauchtum. Besonders bekannt und verbreitet ist die Sitte, am Barbaratag einen Apfel-, Kirsch- oder Zwetschgenzweig zu schneiden und in das geheizte Zimmer zu stellen. Kommt der Zweig gerade am Weihnachtsfest zum Blühen, so wird das als gutes Zeichen für die Zukunft gewertet.

Barbara selbst hatte einen vertrockneten Kirschzweig in ihrer Zelle, den sie täglich mit ein wenig Wasser befeuchtete. Am Tag Ihrer Hinrichtung blühte der Zweig herrlich auf und deutete ihr, dass sie nun bald von ihrem Leid erlöst sein würde. Sie ist nicht nur eine der 14 Nothelfer der katholischen Glaubenswelt, sondern gilt sogleich als Schutzpatronin der Artilleristen, der Bergleute, die für sie am Barbaratag ein Licht im Stollen brennen lassen, der Gefangenen, der Glöckner, (viele Kirchenglocken tragen ihren Namen), der Architekten und der Waffenschmiede.

Der Barbarazweig

6. Dezember - St. Nikolaus

Den Nikolaus gab es wirklich, er war im 4. Jahrhundert n. Chr. Bischof von Myra (heutige Türkei).

Er gilt als Schutzheiliger der Bäcker, der Kaufleute, der Seeleute und der Schulkinder.

Nikolaus der Geschenkebringer

Der Vorabend des 6. Dezember ist vor allem den Kindern gewidmet, da der Nikolaus seit jeher als Gabenbringer für sie verehrt wird. Das Brauchtum um den Nikolaus ist durch verschiedene Legenden begründet und regional unterschiedlich ausgeprägt. Eine Legende handelt von den drei Knechten, denen Geldstücke entsprechend ihren Fähigkeiten anvertraut wurden, während ihr Herr verreisen musste.

Nach seiner Rückkehr musste jeder der Knechte Rechenschaft darüber ablegen, was er mit dem Geld gemacht hatte. Davon leitet sich die Befragung der Kinder durch den Nikolaus ab, ob sie auch brav gewesen sind.

Begleiter des Nikolaus ist in unserer Region stets der Krampus (Klaubauf), erstmalig erwähnt im 19. Jahrhundert, eine Schreckgestalt mit geschwärztem Gesicht. Den bösen Kindern drohte man, daß sie der Krampus „aufklaubte", um sie einmal ordentlich zu „verdreschen".

Ursprünglich war der Nikolaustag auch der Tag der Bescherung. Durch die Reformatoren der evangelischen Kirche, die ja keine Heiligen kennt, wurde das Bescheren aber dann auf den Heiligen Abend verlegt. In unserer Region wurde dadurch der Nikolaus vom Christkindl als Gabenbringer abgelöst. In den meisten Teilen der Bundesrepublik bringt aber immer noch der Knecht Rupprecht am 24. Dezember die Gaben in die Häuser.

13. Dezember - St. Luzia

Um 400 n. Chr. lebte die heilige Luzia in Syrakus auf Sizilien. Luzia war Christin, das Christentum verbreitete sich zu dieser Zeit gerade in der Mittelmeerregion sehr schnell. Dennoch mussten sich die Christen verstecken.

Sich der Gefahr sehr bewusst, brachte Luzia nachts Lebensmittel und Wasser in die Verstecke der anderen Christen. Um in den dunklen Dezembernächten sehen zu können und beide Hände frei zum Tragen zu haben, band sie sich einen Kranz aus Kerzen auf ihr Haupt. Damit wurde sie eines nachts entdeckt und zum Tode verurteilt.

Die Legende erzählt, daß sie von Ochsen hätte zu Tode geschleift werden sollen, diese bewegten sich jedoch keinen Zentimeter. Daraufhin wurde Luzia erstochen.

Aus dem Pinzgau kommt wohl ein Brauch, der auch im Chiemgau und in der Pfarrei Bergen wieder gepflegt wird –

Das Frauentragen

Frauentragen

Mitglieder aus der Gemeinde tragen ein Marienbild in die Häuser, deren Bewohner sich bei der Pfarrei gemeldet haben, um Maria eine Herberge zu gewähren. Ist das Bild im Haus angekommen, wird gebetet und Marienlieder gesungen, das Bild verbleibt eine Nacht im Haus und wird am nächsten Tag weitergetragen. Der Brauch ist als Sinnbild der Herbergssuche zu verstehen.

24. Dezember bis 5. Januar – Die Rauhnächte

Immer wieder hört man, daß sich der Name Rauhnacht vom Räuchern oder vom Rauch ableitet. Das ist aber nicht richtig.

Zwar werden traditionell in den Rauhnächten von den Bauern und Hausherrn die Häuser und Ställe „geräuchert“, das hat aber nichts mit der Namensgebung der Rauhnächte zu tun. Vielmehr geht die Bezeichnung auf das mittelhochdeutsche Wort „ruch“ (haarig) zurück. Die Bezeichnung findet heute noch in der Kürschnerei Anwendung.

Die Rauhnächte stehen in enger Verbindung mit Ritualen rund um das Nutzvieh, aber auch Verwandlungen zwischen Tieren und Menschen oder haarigen mythischen Wesen.

„In der Christnacht können die Tiere sprechen“, hörte man oft die Alten sagen. Manches Kind schlich sich in dieser Nacht in den Stall und versuchte, eines dieser Gespräche zu belauschen. Scheinbar sind aber die Tiere zu gescheit und merken, wenn ein Mensch sich nähert. Wir kennen niemanden, der die Tiere hat reden hören, aber viele, die in der Christnacht einen Schnupfen bekamen!

Die **Rauhnächte** (auch *Raunacht* oder *Rauchnacht*) oder die **zwölf Nächte** (auch *Zwölfte* oder *Glöckelnächte*) sind Nächte um den Jahreswechsel, denen im europäischen Brauchtum oft besondere Bedeutung zugemessen wird. Meist handelt es sich um die zwölf Nächte zwischen dem Heiligen Abend (24. Dezember) und dem Fest der Erscheinung des Herrn (6. Januar), aber auch andere Zeiträume, beispielsweise zwischen dem Thomastag und Neujahr.

Es gibt Unterschiede in der Anzahl der Rauhnächte, zwi-

schen drei und allen zwölf Nächten, je nach Region: Als die drei wichtigsten Rauhnächte werden bezeichnet:

24./25. Dezember (Christnacht),
31. Dezember/1. Januar (Silvesternacht)
und die Nacht 5./6. Januar (Epiphaniasnacht, Erscheinung des Herrn).
In manchen Gebieten wird die Thomasnacht (21./22. Dezember) noch hinzugezählt.

Zumindest an den drei besonders wichtigen Rauhnächten werden im Volksbrauchtum Haus und Stall vom Hausvater mit Wacholder, später mit Weihwasser und Weihrauch gesegnet, Kerzen entzündet und Gebete gesprochen. Es handelt sich hierbei um christliches Brauchtum.

Der Heuschneider

Von der Zeit um Allerseelen bis weit in den Advent hinein ging in Bergen über viele Jahrzehnte der „Heuschneider“ um, und zwar vom Finsterwerden bis zum Tagwerden in der Früh. Man konnte ihn nicht sehen, nur hören. Mit seinem Zirpen, das dem Zirpen einer Grille glich, verfolgte er, wie sich noch viele Bergener(innen) erinnern, die Leute ab einer Entfernung von ca. 500 m von der Pfarrkirche St. Aegidius bis zur Kirchentüre.

Einmal, so erzählte Schwester Theodonia vom Orden der Niederbronner Schwestern, hat er sie bei ihrem nächtlichen Krankenbesuch bis zum „Haslinger“ (ungefähr 1 km) hinaus begleitet. Manchmal verfolgte er sie sogar in die Kirche hinein und über zwei Treppen zum Chor hinauf, wo sie zum Rorateamt (Engelamt) „Tauet Himmel den Gerechten ...“ spielte. Erst beim Spiel der Orgel, so sagte sie, verstummte er.

Im Übrigen stellte er, wie die Leute, die ihn selbst hörten, berichten, sein angsteinflößendes Zirpen ein, wenn man leise für ihn ein kurzes Gebet oder ein „Vaterunser“ betete. Mit der Drohung: „Wennsd’ beim Finsterwerdn ned dahoam bist, dann packt di da Heuschneider“, wurde sogar den Kindern Angst gemacht.

Beim Heuschneider soll es sich, wie noch einige Bergenerinnen vom Erzählen wissen, um die arme Seele von einem Bergener Schneider gehandelt haben. Er soll ein sehr geselliger, lustiger Mensch gewesen sein, der für jede Gaudi zu haben war. Er soll auch, so sagt man, gerne gelegentlich eine Halbe über den Durst getrunken und dabei das Heimgehen vergessen haben. Im Spaß hielt man ihm angeblich einmal vor, dass er bei diesem Lebenswandel nicht in den Himmel komme. Vollen Ernstes soll er darauf geantwortet haben: „Und wenn i ned in Himme kimm, dann erschein i de frommen, braven Bergener als (Heu)schneider und verfolg's solang mit meinem Zirpen, bis so viel Vaterunser für mich gebetet habn, dass mei arme Seel erlöst is."

Der Schneider ist, so die Überlieferung, vor ca. 100 Jahren gestorben. Wie sich noch viele Bergenerinnen und Bergener erinnern oder vom Erzählen her wissen, war der Heuschneider noch bis Mitte der 60er Jahre zu hören. Seine arme Seele scheint erlöst zu sein. Eine unglaubliche Geschichte, aber wahr! – Oder vielleicht doch nur Einbildung? Es bleibt ein ewiges Geheimnis.

(Text: Sigmund Gehmacher, Bergen)

24.-26. Dezember - Weihnachten

Der Christbaum

Das verbreitetste Symbol zu Weihnachten ist der Christbaum. Das Aufstellen des Christbaums, so wie wir das heute in unserer Stube tun, ist eigentlich noch gar kein so alter Brauch. Gerade mal 400 Jahre ist er alt. Hingegen reicht der Wunsch, sich in der kalten und weißen Jahreszeit etwas Grün ins Haus zu holen, bis in die Römerzeit zurück.

Zur Jahreswende wurden damals Lorbeerzweige an die Haustüren gehängt, die dann im Mittelalter je nach Region von Buchs, Mistel oder - wie bei uns heute üblich -, von Tannenzweigen abgelöst wurden.Bildlich wurde der erste geschmückte Christbaum auf einem Stich von Lucas Cranach dem Älteren im Jahre 1509 festgehalten.

Seit 1530 ist belegt, daß z.B. in Straßburg Stechpalmen, kleine Eiben oder Buchsbäumchen in den Stuben aufgestellt wurden. Freilich damals ohne Schmuck und ohne Kerzen,

ging es doch nur darum, in der kalten Zeit etwas Grünes im Haus zu haben! In Berlin ist der erste Weihnachtsbaum Ende des 18. Jahrhunderts erwähnt. Erstmalig belegt ist ein Christbaum, wie wir ihn heute kennen, seit Henriette von Nassau-Weilburg, die Gemahlin des Erzherzogs Karl, im Jahre 1816 das Weihnachtsfest mit einem kerzengeschmückten Weihnachtsbaum gefeiert hatte.

Eine spanische Darstellung bringt den Weihnachtsbaum mit der Fällung der Donareiche in Verbindung: Nachdem Bonifatius die Eiche gefällt hatte, wurden alle umstehenden Sträucher vernichtet. Nur ein kleiner Tannenbaum soll stehen geblieben sein, was Bonifatius als göttliches Zeichen interpretierte und er gab ihm den Namen „Christbaum". Unter den Gläubigen soll sich dieser Name schnell verbreitet haben, was schließlich dazu führte, dass an Weihnachten ein Christbaum aufgestellt wurde.

Der heilige Abend bei uns

Grundsätzlich wurde am Heiligen Abend in die Christmette gegangen. Jeder, der laufen konnte und gesund war, ließ es sich nicht nehmen, am Hochamt in der heiligen Nacht teilzunehmen. Teilweise nahmen die Leute kilometerweite Strecken durch tiefsten Schnee auf sich, um die Mett'n zu hören.

Einer musste zum G'amma (Aufpassen/Ammen) daheim bleiben und Haus und den Hof (Ammen) sowie das Mettenstöckl (einen Holzstock, der im Ofen nachgeschoben wurde, damit er nicht ausging), hüten. Kam man von der Mett'n heim, gabs die Mettensupp'n. Danach war Bescherung.

Damals freuten sich die Kinder nicht über Gameboys, Handys oder Computer, sondern über warme Socken, Schuhe oder, wenn das Kind ganz brav war, sogar amal über a neues Gwand!

31. Dezember: Silvester, der letzte Tag des Jahres:

Die „Feuerfeste“ zum Ende des Jahres haben germanischen Ursprung. Aber auch die Römer feierten ihr Jahresendfest im März stets mit einem großen Feuer.

Nachdem der Jahresbeginn im Jahre 153 v. Chr. auf den 1. Januar festgelegt wurde, brannten auch sie ihre Feuer in der Nacht davor, also am 31.12., ab.

Der Tag bekam seinen Namen „Sylvester“ nach dem Todestag des Papstes Sylvester (gest. 31.12.335 n. Chr.)

Ursprünglich entzündete man in der Sylvesternacht Feuer und „schoss das neue Jahr an“. Damit sollten böse Geister vertrieben und das neue Jahr begrüßt werden. Heute beginnt das neue Jahr mit Feuerwerk, Böllern, Bleigießen und einer Mette. Ein weiterer schöner Brauch ist das Anblasen des neuen Jahres. Oft verschenkt man auch Glücksklee. Am Silvesterabend wird zum dritten Mal das Haus geräuchert.

1. Januar - Neujahr

Das neue Jahr wird mit Neujahrsschießen (Lärm vertreibt böse Geister) und Neujahrssingen begrüßt.

Ein schöner Brauch ist, dass Familie, Nachbarn und Freunde zusammenkommen und sich „a guads neus Jahr" wünschen. Damit zeigt man den Zusammenhalt untereinander und den Willen, das Neue Jahr mit all dem kommenden Freud und Leid gemeinsam zu meistern.

5. Januar - Frau Perscht (Beaschd)

Frau Perscht bestraft Faulheit und Bosheit auf die unterschiedlichste Art und Weise, je nachdem, was der Übeltäter angestellt hat. Umgekehrt belohnt sie Fleiß und Hilfsbereitschaft. Neben vollen Spulen, goldenen Fäden und Flach-

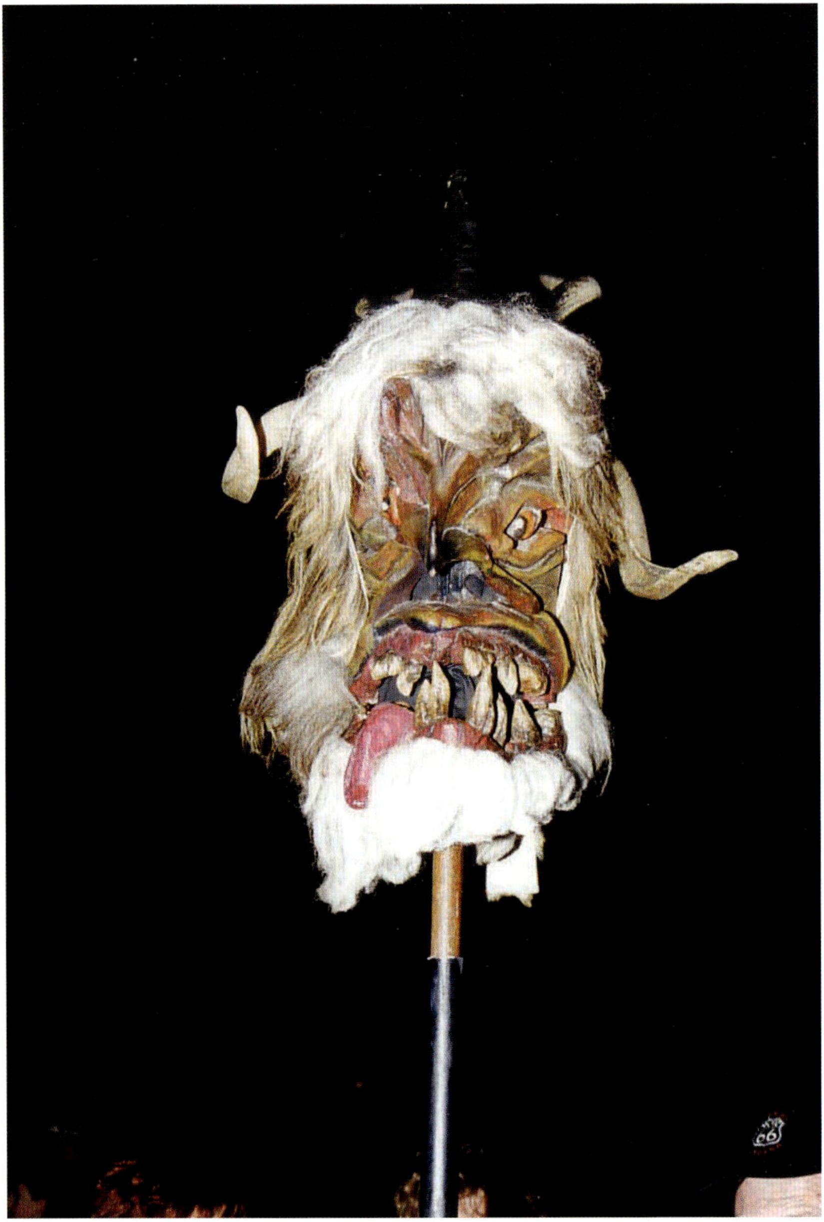

knoten für Spinnerinnen verschenkt sie auch Münzen, die Mägde in Eimern (vorwiegend am Dorfbrunnen) finden.

Perchta tritt vor allem in den Rauhnächten, also der Zeit zwischen der Wintersonnenwende und dem 6. Januar auf. Sie trat in Bergen nie, wie in anderen Regionen, mit schrecklicher Maske und mit lautem Glockengeschelle auf. Wenn man sie sah, dann nur „schemenhaft, staad und meist von hinten", wie uns die Leute berichteten.

Die Perchtenläufe, die ihren Ursprung vom Namen der Frau Percht ableiten, und einerseits die bösen Wintergeister, andererseits die guten Geister symbolisieren sollen, spielten sich vor allem zu dieser Zeit im Pinzgau, Pongau, Tirol und in Teilen Oberbayerns ab.

6. Januar - Heilig Dreikönig

Die Heiligen drei Könige werden immer in der gleichen Reihenfolge genannt: Kaspar, Melchior und Balthasar. Bei ihren Gaben ist es dasselbe: Sie bringen dem neugeborenen Christus Gold, Weihrauch und Myrrhe. Wer aber ist wer? Und wer bringt was?

Der Mönch Johannes von Hildesheim hat diese Frage 1360 beantwortet. Kaspar ist der schwarze, Melchior der ältere und Balthasar der jüngere der drei Könige. Das Gold bringt Melchior, den Weihrauch Balthasar und Kaspar die Myrrhe.

Gemeindemitglieder gehen in der Zeit vom 27. Dezember bis zum Dreikönigsfest, dem 6. Januar, manchmal auch noch an dem darauf folgenden Wochenende als Heilige Drei Könige gekleidet von Haus zu Haus. Meistens sind es Ministranten, Kommunionkinder oder andere Jugendliche der

Die Sternsinger symbolisieren die Wanderung der Heiligen Drei Könige zum Stall von Bethlehem.

jeweiligen Kirchengemeinde, die nicht nur die Frohbotschaft des Evangeliums verkünden, sondern auch Spenden für benachteiligte Kinder sammeln. Die Sternsinger werden von der jeweiligen Pfarrgemeinde ausgesandt. Den Menschen, die sie einlassen, singen sie ein Lied und/oder sagen ein Gedicht bzw. ein Gebet auf. Dann schreiben sie an die Haustüren bzw. die Türbalken mit geweihter Kreide die traditionelle Segensbitte *C+M+B* mit der jeweiligen Jahreszahl.

Es ist ein Irrtum, wenn man glaubt, dass C, M und B die Namen der drei heiligen Könige bedeuten. Es heißt auf Lateinisch „Christus schütze dieses Haus": „**C**hristus **M**ansionem **B**enedicat".

20. Januar - St. Sebastian

„An Fabian und Sebastian
muss der Saft in die Bäume gahn."

Um Sebastian fangen die Bäume zu treiben an. Die Natur erwacht aus ihrem Winterschlaf, das Frühjahr hält langsam Einzug. Sebastian wird auch als Pestheiliger verehrt.

Durch die Maxhütte hat der Hl. Sebastian auch in Bergen eine große Bedeutung.

In der Bergener Ägidiuskirche ist der rechte Seitenaltar dem Hl. Sebastian gewidmet, es gibt in Bergen sogar eine Sebastiani-Bruderschaft, deren Schutzheiliger bei der Frohnleichnamsprozession durch den Ort und die Fluren getragen wird.

Bis vor etwa 50 Jahren galt der Bastianitag noch als Bauernfeiertag, an dem in den Kirchen mit Hochamt dem Wirken des Heiligen gedacht wurde.

An Sebastian durften keine Näharbeiten verrichtet werden. Für jeden Nadelstich würde man einen „Bockstern", einen Abszess bekommen. Dieser (Aber) Glaube wurde abgeleitet von den Pfeilstichen, die der Hl. Sebastian während seines Martyriums erleiden musste.

(Sigi Gehmacher)

2. Februar – Lichtmess

Lichtmess, 40 Tage nach Weihnachten, wurde im 6. Jahrhundert von der Kirche eingesetzt. Es bezieht sich auf den Ausspruch Jesu „Ich bin das Licht der Welt".

Die Maxhütte: einst ein Zentrum der bayerischen Industrie und auch der Arbeiterschaft, heute ein Verhüttungs-Museum.

In der Kirche werden Kerzen und Wachsstöckl geweiht. Der Rosenkranz wird gebetet, die Beleuchtung ist das „Pfennigliachtl“, ein dünn mit Wachs umhüllter Docht.

***„An Weihnachten um einen Hahnentritt,
auf Neujahr um einen Männerschritt,
auf Dreikönig einen Hirschsprung,
auf Lichtmess um eine ganze Stund.“***

Der Tag wird allmählich länger:

Lichtmess ist ein wichtiger Lostag: Da geht der Bär aus seiner Höhle. Wenn es warm ist, geht er wieder zurück, weil es dann noch lange Winter ist. Ist es kalt, bleibt er draußen, weil das Winterende naht.

Übers Wachsstöckl

Das geweihte Wachsstöckl wurde vom Knecht an die Magd übergeben. Es war ein Zeichen der Zuneigung und Dankbarkeit für ein gegenseitiges Miteinander-Auskommen, Zuneigung oder vielleicht auch Liebe.

Es gibt eine nette Anekdote zum Wachsstöckl:

Eine Magd, die dem Knecht (gern) das Bett aufschlug, beschwerte sich bei ihm, daß sie kein Stöckl bekommen hätte.

Darauf erwiderte dieser, in uriger, aber typischer Art: „Hättst mei Bett gscheid aufgschlogn, no hättst as gfundn, unter der Matratz, dei Stöckl. Aba wannst die Sach nur hoibat machst, nacha stehts dir eh net zua."

Lichtmess - Schlenkerltag

Der Bauer zahlt den Knechten und Mägden, die im vergangenen Jahr gut gearbeitet haben, ein Drangeld (Drogeld). Nahm der mit diesem Bonus Belohnte das Geld, blieb er für ein weiteres Jahr auf dem Hof, lehnte er es ab, galt das als Zeichen, dass er den Hof verlassen wollte.

Der zweite Februar war damit der Schlenkerltag, Ziehtag für die Dienstboten und bis zum Antritt der neuen Arbeitsstelle gab es Schlenkerlweil, Freizeit, in der man feierte und fröhlich war und sich auch gegenseitig unter Freunden in den neuen Dienst begleitete.

Damals besiegelte ein schlichter Handschlag ohne schriftliche Vereinbarung den Arbeitsvertrag, welcher immer verlangten, ein volles Jahr zusammenzubleiben. Wurde unter dem Jahr jemand auf einem Hof als Knecht oder Magd vorstellig, war das verdächtig, da war irgendwas beim alten Dienstherren vorgefallen.

Lichtmess war auch ein wichtiger Tag im Wirtschaftsjahr. Ein Zahl- und Zinstermin wie auch an Martini. Wer von den Mägden und Knechten gehen wollte, sagte zum Bauern „Mach ma Lichtmess zusammen". Wenn er dann ein Zeugnis bekam (worauf er aber keinen Anspruch hatte), las er daraus: „bis Lichtmess treu gedient"...

Das Pfennigliachtl

Indem man die Schnur des Wachsstocks immer wieder aufbiegen und weiterverwenden konnte, sind die „Pfennig-

liachtl“ kleine Kerzen, die an die Kirchenbank geklebt wurden und gerade für die Zeit eines Rosenkranzgebetes reichten. Gingen sie vor Beendigung des Gebetes aus, so hieß es, bedeutete dies Unglück. Aus diesem Grunde sah man viele, die vor dem Beten kurz den Daumen und Zeigefinger in den Mund steckten, um damit dann den Docht vor dem Anzünden zu befeuchten.

3. Februar - St. Blasius:

Blasius war von Beruf Arzt und wurde um 250 n. Chr. Bischof von Sebaste in der heutigen Türkei. Unter Kaiser Licinius erlitt er sein Martyrium.

Wegen seines christlichen Glaubens wurde er zum Statthalter Agricola gebracht, um seinem Glauben abzuschwören. Blasius weigerte sich aber, die römischen Götterbilder anzubeten, und wurde ins Gefängnis geworfen. Im Gefängnis soll er einen Jungen, der eine Fischgräte verschluckt hatte, durch sein Gebet vor dem Erstickungstod gerettet haben.

Vor seiner Hinrichtung betete Blasius darum, dass alle, die ein Übel an der Kehle oder sonst ein Siechtum haben, Erhörung fänden, wenn sie in seinem Namen um Gesundung bäten. Dann wurde er enthauptet.

Durch die Tatsache, daß Blasius einerseits dem Jungen vor dem Erstickungstod gerettet hat und andererseits selbst den Tod durch Enthauptung fand, gilt Blasius als Schutzpatron vor allem gegen Halsleiden. Aus diesem Grunde wird am dritten Februar der Blasiussegen gegen Halskrankheiten erteilt. Die Gläubigen gehen in die Kirche zum „Einblasln“. Der Pfarrer kreuzt dabei zwei brennende Kerzen vor Hals und Gesicht des Gläubigen und spricht die Worte: „Durch die Fürbitte des heiligen Blasius, Bischof und Märtyrer, soll dich Gott befreien von jeglichem Übel des Halses.“

14. Februar - St. Valentin:

Was viele für eine Erfindung der Blumenhändler halten, geht zurück auf den Festtag für die römische Göttin Juno.

Juno, der Schützerin von Ehe und Familie, wurden an

diesem Tag Blumen geopfert; den Frauen schenkte man an diesem Tag Blumen.

Valentin war der Überlieferung nach ein armer, ehrsamer Priester. Hilfe und Trost Suchenden schenkte er eine Blume aus seinem Garten. Trotz eines Verbotes des Kaisers Claudius II. traute er Liebespaare nach christlichem Zeremoniell und half in Partnerschaftskrisen.Dafür wurde Valentin hingerichtet.

Schon im Altertum wurde Valentin in vielen Städten Mittelitaliens verehrt. Im Mittelalter kam der Brauch zunächst in Frankreich, Belgien und England auf, nachgewiesen erstmals im 14. Jahrhundert mit „Valentine greetings“. Von England nach Amerika übergeben, kam der Brauch nach dem zweiten Weltkrieg durch die Amerikaner zu uns nach Deutschland. Valentin gilt auch als Pestpatron und Helfer gegen Fallsucht (Epilepsie).

Bauernregeln:

„Kalter Valentin,
früher Lenzbeginn.“

„Ist's am Valentin noch weiß,
blüht zu Ostern schon das Reis.“

„Hat's zu St.Valentin gefrorn,
ist das Wetter lang verlorn.“

„Regnet es an Valentin,
ist die halbe Ernte hin.“

Der Bergener Fasching

Die Bergener waren und sind eine äußerst feierfreudige Dorfgemeinschaft. Dies wird bestätigt, wenn man sich nur die vielen Faschingsbälle ansieht, die es in Bergen gab und

zum Teil heute noch gibt. Viele von diesen Veranstaltungen wären verloren, gäbe es nicht die Menschen, die diese Traditionen Gott sei Dank aufrecht erhalten:

Weiber und Dirndlkranzl

Holzknechtball am Samstag nach Vinzenzi (22. Januar, St. Vinzenz von Saragossa ist der Schutzpatron der Holzknechte); der Erlös kam kranken Holzknechten und Witwen von Holzknechten zu Gute.

Das Musikranzl

Der Turnerball des TSV Bergen

Der VDK-Ball

Der Feuerwehrball

Der Lumpenball

Der Sudetenball und Schlesierball

Der Schützenumzug mit darauf folgendem Schützenball am Faschingsdienstag und - nicht zu vergessen:

Die vielen Hausbälle

Die Bergener Faschingshochzeit

Nachweislich zum 10. Mal fand in Bergen 2009 die Faschingshochzeit statt. Trotz oftmals schwierigster Verhältnisse gab es immer wieder traditionsbewusste und heimatverbundene Menschen, die dieses wohl einmalige Spektakel über die Zeit retteten. Die Faschingshochzeit wird alle zehn Jahre abgehalten und ist ein Ereignis, das tausende Schaulustige nach Bergen zieht.

Aus Erzählungen und mitgehörten Gesprächen weiß der Ortsheimatpfleger von Bergen, Sigi Gehmacher, zu berich-

Dorfplatz
9
190 Meter

ten, dass die Faschingshochzeit einen ernsten und tiefen Sinn hat. Oftmals wurde nicht geheiratet, sondern man wurde verheiratet. Dabei spielte es keine Rolle, ob die Brautleute sich liebten, Hauptsache war, dass die Braut eine große Mitgift in die Ehe einbrachte.

Dies wird in der Faschingshochzeit anschaulich dargestellt. Die Braut soll dick und groß sein, der Bräutigam klein und unscheinbar. Ein ungleiches Paar also. Hinter dem reich bestückten Kammerwagen wird die Geldtruhe hinterher gefahren. Darauf folgte die „Brautkua", das war die beste Kuh im Stalle der Brauteltern. Am Schluß des Zuges läuft weinend und verzagt, die wirkliche Geliebte des Bräutigams mit ihrem aus Liebe gezeugten Kind im Kinderwagen. Sie war zwar schön und nett – hatte aber zu wenig Mitgift.

Bis ca. 1865-70 wurde solches Verhalten eines Bauern beim „Haberfeldtreiben" angeprangert, das Haberfeldtreiben wurde wegen seiner manchmal kriminellen Auseinandersetzungen dann jedoch hoheitlich verboten. Als Ersatz bestand das gemeine Volk darauf, sich im Fasching zu verkleiden und diese Ungerechtigkeit anzuprangern.

Eine andere Überlieferung erzählt, dass die Maxhüttler den Fasching zum Anlass nahmen, den Bergener Bürgern und Bauern zu zeigen, dass sie auch etwas auf die Beine stellen können! Sie organisierten eine Faschingshochzeit und zogen von der Maxhütte (Hüttenschenke) ins Dorf hinunter, wo auch anschließend Trauung (Kopulation) und Hochzeitsfeier stattfanden.

(Quelle: Sigi Gehmacher)

Ladspruch für die Bergener Faschingshochzeit 2009

Zum hochnoudwendigen und freudenreichen Stand der Ehe, haben sich versprochen:

Der tugendsame Jüngling **Hieronimus Dudderer**, viel begehrter lediger Bauersohn dahier, und die längst überstandige tugendbedürftige Jungfrau **Scholastika Denglhammer** aus Hinterscharing, Bezirksamt Duidlham.

Dieser Zusammenstand ist notwendig geworden, weil die Liebe eine Vorbereitung ist zum späteren Ehestand, und soll man nicht Unfug damit treiben.

Die standesamtliche Kopulierung findet in aller Öffentlichkeit statt und wird unter dem Bergener Maibaum vollzogen, der Hochzeitszug wird aufgestellt am Sonntag (Faschingssonntag) um halb ein Uhr.

Währenddessen können die Hochzeitsleut in der Schenk einkehren, höchstens aber nur für drei Maß. Dann wird mit Mann, Ross und Wagen ins Dorf marschiert, um den Zusammenstand zu vollziehen. Danach ist Manner- und Buamalaffa von der Bruckn zum Maibaum. Weiber und Dirndl laufan an Sprung kürzer.

Das Hochzeitspaar bittet die Bevölkerung von Bergen, ihren großen Verspruchtag durch unmäßiges Essen und Trinken bis in die späte Hochzeitsnacht hinein gebührend mitzufeiern. Die Hochzeitsfeierlichkeit findet nach alter Tradition beim Wirt in Saale statt.

Kostüm der Pattenberger Schneegäns.

Die Pattenberger Schneegänse

Bedeutung: Gespenstische Wesen vertreiben den Winter bzw. drehen das Rad der Jahreszeiten. Dieser Brauch bleibt den „Pattenbergern“ vorbehalten.

Weiß verkleidete Männer und Frauen, die so genannten „Schneegäns“, ziehen einen Balken, an dem ein Wagenrad angebracht ist. Auf diesem Rad sitzen zwei junge Burschen, einer als Winter und der andere als Sommer gekleidet.

Durch das Ziehen des Balkens dreht sich das Rad und symbolisiert damit den Wechsel der Jahreszeiten.

Laut mündlicher Überlieferung stammt der Brauch vom Oberland, eventuell aus der Gegend von Bad Aibling/Miesbach/Bad Tölz. Hubert Schweiger „Endweger“ kann sich daran erinnern, dass die alten Pattenberger erzählten, dass Josef Bachmeier, genannt „Zenznbauer“, den Brauch von Aibling nach Pattenberg mitgebracht hat.

1886 fand die erste Faschingshochzeit in Bergen statt. Man kann davon ausgehen, dass dem Zenzn Sepp bei der Überlegung, was die Pattenberger (Pattein) dazu beitragen könnten, die Idee kam, als Winter und Sommer, gezogen von den Schneegänsen, mitzumachen.

(Quelle: Sigi Gehmacher)

Der „Tanz der Pfannenflicker“

Dieser alte Brauch stammt aus der Mitte des 16. Jahrhunderts, als im Chiemgau die Pest herrschte und viele Menschen an dieser Seuche zugrunde gingen.

In dieser Zeit, in der die Leute missmutig, ängstlich und scheu waren und jeden Kontakt zu ihren Mitmenschen mieden, um sich nicht anzustecken, zogen die Pfannenflicker als eine der Ersten wieder durch die Dörfer. Sie waren als immer lustige Leute bekannt, die weit herumkamen und

Zum Eisenhammer

somit auch stets interessante Neuigkeiten zu erzählen hatten. Zudem führten sie nach der Pestzeit als Erste wieder ihre eigenartigen Tänze in der Öffentlichkeit auf und gaben so den Menschen neuen Lebensmut und Frohsinn.

Aus dieser Zeit stammt der Bergener Pfannenflickertanz, der von jungen Männern des Dorfes aufgegriffen worden ist und seither zur Freude der Bevölkerung immer wieder am Faschingssonntag aufgeführt wird. Die Pflege dieses Faschingsbrauches wurde vom GTEV Bergen übernommen.

Ursprünglich wurde der Tanz in großen zeitlichen Abständen (19 und 25 Jahre) wiederholt. Seit 1994 sollen die Pfannenflicker alle 10 Jahre zu sehen sein. Wir können also 2014 wieder mit den Pfannenflickern rechnen!

Der Aschermittwoch

Beginn der Fastenzeit. In der Zeit von Aschermittwoch bis Ostern durfte früher nicht getanzt werden, es fanden auch keine „Großen Hochzeiten" statt. Die Fastenzeit war eine karge, ruhige und enthaltsame Zeit. Man freute sich auf Ostern und das bevorstehende Frühjahr.

Der Aschermittwoch erhielt seinen Namen, weil an ihm Asche der Palmen vom Palmsonntag des vergangenen Jahres geweiht und den Gläubigen vom Priester das Aschenkreuz auf Stirn oder Scheitel gestreut wird. Asche ist Symbol der Vergänglichkeit, der Buße und Reue. Schon die Menschen im alten Testament „hüllten sich in Sack und Asche", um ihrer Bußgesinnung Ausdruck zu verleihen.

Asche wurde früher als Putzmittel verwendet und ist so auch Symbol für die Reinigung der Seele.

Am Aschermittwoch wurde nach alter Überlieferung der Teufel, der ja zunächst ein Engel gewesen ist, wegen Verstößen gegen die göttliche Ordnung aus dem Himmel verstoßen.

An Aschermittwoch soll kein Vieh arbeiten. Haus und Stall wurden nicht gereinigt. Die Menschen gingen möglichst nicht aus dem Dorf, schon gar nicht in den Wald, weil der Teufel an diesem Tag unterwegs war.

An Aschermittwoch wird, da er ein Fasttag ist (wie z.B. der Heilige Abend auch), traditionell Fisch gegessen. Fisch ist seit jeher eine erlaubte Alternative, da er nicht blutet. Ansonsten ist er aber ein strenger Abstinenztag.

Bier galt und gilt in der Fastenzeit natürlich bei uns in Bayern als Grundnahrungsmittel und durfte getrunken werden!

24. Februar - St. Matthias

Von Matthias gibt es nur sehr wenig in Erfahrung zu bringen. So soll er nach der Auferstehung Christi durch Los in die Reihen der Apostel gewählt worden sein.

In unserer Region ist „Matthei“ ein wichtiger Lostag für die Witterung:

„Mattheis / bricht's Eis.“

„Mattheis bricht's Eis -
findt er keins, so macht er eins.“

„Hat Mattheis sei' Hack verlor'n,
wird erst St. Joseph das Eis durchbohr'n.“

Jetzt fangt das schöne Fruajahr an,
Da treib ma's aufi auf die Alma,
Unsere Kuahalan, unsere Kalma.
Do lass ma's grasn im greanan Klee –
Juche rituliedidiri – im greanan Klee.

Frühlingslüftl

19. März - St. Josef

In Bayern war der Josefitag zur Erinnerung an den Zimmermann von Nazareth bis 1968 ein Feiertag.

Die Kinder hatten an Josefi schulfrei. Die jungen Mädchen bekamen Blumenkränze, die ihre Jungfräulichkeit bewahren, die Älteren Blumensträuße, die das Gegenteil bewirken sollten.

Die Burschen genehmigten sich nach dem Kirchgang die erste Biergartenmaß der Saison.

Jung verheiratete Bauersleute steckten sich Josefsringe an, um gegen Versuchungen gefeit zu sein (und sich im Zweifel auf höhere Mächte berufen zu können).

In unserer Gegend gab es „Josefifeiern“, bei denen viel gegessen und getrunken wurde. Hier wurde eine Möglichkeit geschaffen, das gesellschaftliche Leben auch während der Fastenzeit zu pflegen.

21. März - St. Benedikt

„An Benedikt hod s'Loabe zwickt, hod's obagschluckt, waar boid dastickt.“

Als unser Papst Benedikt XVI. noch Kardinal Joseph Ratzinger hieß, weilte er öfters in Adelholzen und besuchte bei dieser Gelegenheit auch immer wieder die Bergener Kirche St. Ägidius, wo er von Vielen beim Beten und Meditieren gesehen wurde. Schon alleine deshalb möchten wir in unserem Bücherl auch auf das Leben und Wirken des Hl. Benedetto von Nursia eingehen.

Benedetto wurde mit seiner Zwillingsschwester Scholastika als Sohn einer vornehmen Familie um 480 n.

Chr. geboren und schon als Knabe nach Rom zur Ausbildung geschickt, wo er auch studierte.

Mit dem ausschweifendem Stadtleben konnte Benedikt nicht viel anfangen, und so schloss er sich einer asketischen Gemeinschaft in Enfide - dem heutigen Affile - in den Sabiner Bergen an. Dort lebte er drei Jahre völlig einsam in einer Höhle im Aniotal nahe Subiaco.

Er verfasste um 540 n. Chr. seine berühmte, bis heute gültige „Regula Benedicti", die grundlegende Regel aller sich von da aus über das ganze Abendland ausbreitenden Klöster des Benediktinerordens mit dem Wahlspruch „Ora et labora" - „Bete und Arbeite". Sie macht auch seine persönlichen Wesenszüge kenntlich: Streben nach Ordnung, Gottes- und Nächstenliebe und Bereitsein zu Nachsicht mit den Schwachen. Einen großen Teil seiner Zeit widmete Benedetto den Nöten der einheimischen Bevölkerung, er verteilte Almosen und Nahrung an die Armen.

Benedetto starb der Überlieferung nach am Gründonnerstag 547 n. Chr. während eines Gebets am Altar der Kirche im Kloster Montecassino.

Bauernregeln:

„Willst Gerste, Erbsen, Zwiebeln dick,
so säe sie an Benedikt."

„Auf St.Benedikt achte wohl,
daß man Hafer säen soll."

„Sankt Benedikt den Garten schmückt."

„Der Benedikt leitet deine Hand,
säest du mit ihm die Frucht ins Land."

25. März - Mariä Verkündigung

Dies ist der Tag neun Monate vor Weihnachten, an dem der Engelsbote Gabriel Maria mit dem „Englischen Gruß" die Geburt Jesu ankündigte. Maria spann dabei nach der Legende gerade das purpurne Garn für den Tempelvorhang, nach anderen Überlieferungen schöpfte sie gerade Wasser aus einem Brunnen.

Das Fest wurde schon Mitte des 6. Jahrhunderts in Konstantinopel gefeiert, im 7. Jahrhundert wurde das Fest auch in Rom eingeführt und auf den damaligen Frauentag gelegt; dieser Tag galt damals auch als Frühlingsbeginn.

Bauernregeln:

„Wenn Maria sich verkündet,
Storch und Schwalbe heimwärts findet."

„Maria Verkündigung,
kehren die Schwalben wieder um."

„Mariä Verkündigung schön und rein,
wird das ganze Jahr fruchtbar sein."

„Ist Maria schön und helle,
kommt viel Obst auf alle Fälle."

Palmsonntag:

Der Palmsonntag ist der Sonntag vor Ostern. Er ist der Beginn der Karwoche, aber auch schon ein Vorblick auf Ostern.

Mit Palmsonntag wird der Einzug Jesu auf einem Esel in Jerusalem gefeiert. Zum Zeichen seines Königtums streute das Volk dem nach Jerusalem Kommenden Palmzweige und jubelte ihm zu. Der Esel gilt dabei als Ausdruck der Solidarität mit den Armen.

Im 10. Jahrhundert wird erstmals erwähnt, dass ein als Christus verkleideter Geistlicher bei der Palmprozession mitritt. Da es aber gerade in der Kirche immer wieder zu „unliebsamen Überraschungen“ kam, verzichtete man bald auf das lebende Tier und begnügte sich mit einem hölzernen Esel, auf den man eine Christusfigur setzte.

Im Mittelalter, vor allem in der Barockzeit, artete der Brauch mit dem „echten“ Palmesel nach und nach aus. Palmsonntag diente immer mehr der Volksbelustigung. 1762 verbot Kaiser Joseph II. daher die Palmeselumzüge in Österreich. Bayern schloss sich diesem Dekret an.

Staatliche Kontrolleure achteten darauf, dass das Verbot eingehalten wurde. So geschehen am 17. März 1806 in der Münchner Peterskirche: Der Pfarrer Paul Kumpf wollte ungeachtet der Weisung der Behörden einen Esel beim Umzug mitmarschieren lassen, was aber einem Eselsmetzger nicht verborgen blieb.

Er erschien während des Gottesdienstes und schnitt dem Esel einfach den Kopf ab.

(Quelle: Münchner Kirchenzeitung/Albert Bichler)

Da bei uns keine Palmen wachsen, ersetzt man diese durch „Palmkatzein“, Weidenzweigen, die mit bunten Bändern, Bux oder Zedern, kleinen Brezn oder anderem Zierrat geschmückt wurden. Diese werden in der Palmsonntagsmesse geweiht, sie sollen Unheil abwehrende Wirkung haben; deshalb werden sie zu Hause in den „Herrgottswinkel“ gestellt oder am Kruzifix, an Heiligenbildern oder am Spiegel befestigt. Auf das Feld gestellt, soll der geweihte Palmbuschen eine reiche Ernte erwirken. Bei drohendem Gewitter werden die Palmzweige im Ofen verbrannt, um ein Unheil abzuwenden.

Im darauf folgenden Jahr werden die Palmzweige am Aschermittwoch verbrannt, und ihre Asche wird für das Aschekreuz, das am Aschermittwoch den Gläubigen auf Stirn und Scheitel gestreut wird, verwendet.

Bauernregeln:

„Ist der Palmsonntag ein heiterer Tag,
für den Sommer ein gutes Zeichen sein mag."

„Wenn's den Buben auf die Palmbesen schneit,
so regnet's an Ostern der Jungfrau auf die Kränze."

„Kommen am Palmtag die Palmen trocken nach Haus,
kommen die Garben trocken in die Scheune."

Der Gründonnerstag

erinnert an das Passahmahl, das Jesus als Abschieds- und Hoffnungsmahl vor seiner Gefangennahme mit seinen Jüngern gefeiert hat. Der Name „Grün"-Donnerstag kann von „groana", „weinen" (greinen) abgeleitet werden.

Im Gottesdienst am Gründonnerstag wird das Abendmahl gefeiert. Erinnert wird auch daran, wie Jesus seinen Jüngern die Füße wusch und so seine Demut deutlich machte - Füße waschen war Sklavenarbeit.

In der Kirche wird am Ende am Gründonnerstag der Messe das Allerheiligste an einen anderen Ort getragen und der Altar leer geräumt, der Tabernakel bleibt nun offen und leer, der Altar schmucklos. Orgel, Altarschellen und Kirchenglocken schweigen nun, bis in der Osternacht das „Gloria" erklingt. Die Volksüberlieferung sagt, die Glocken würden in dieser Zeit nach Rom fliegen, um geweiht zu werden. Stattdessen machten die jungen Burschen mit den Ratschen entsprechenden Lärm.

Der geweihte Palmbuschen auf dem
Feld soll eine reiche Ernst bringen.

Am Gründonnerstag wurde mit dem 12 Uhr-Läuten die Feldarbeit eingestellt und ruhte bis Dienstag nach Ostern.

Gründonnerstag - der Antlaßtag

Antlaß bedeutet Erlass, Entlassung aus der Buße, Vergebung der Sünden. Aus dieser Zeit stammt der Brauch des Eierzinses, der Jahressteuer, welche die Pächter am Gründonnerstag an ihre Grundherren entrichten mussten.

Mit dem letzten Ei, es hieß das Antlaßei und wurde damals rot eingefärbt, war die Schuld getilgt. Man legte das Ei symbolisch auf den Schuldgegenstand (Vertrag/Pachtzins etc.).

Die an Gründonnerstag gelegten Hühnereier – die Antlaßeier – sollen einebesondere Wirkung im Zusammenhang mit dem Nachlass der Sündenstrafe haben. Diesen Eiern schreibt man die Fähigkeit zu, Unheil abzuwehren und Kräfte zu spenden; sie gelten als besonders heilkräftig und wurden und werden für die Eier- und Speisenweihe aufgehoben.

Neben der Haustüre eingegraben schützen sie vor Einbruch.Übers Haus geworfen schützen sie vor Blitzschlag.

Noch heute werden Antlaßeier in Dachböden gelegt, um vor Blitz und Feuer zu schützen.

Der Karfreitag - das heilige Grab

„Chara“ ist althochdeutsch und bedeutet „Trauer, Wehklage“.

Das Brauchtum über das heilige Grab wird in einigen Gemeinden auch heute noch gepflegt. So wird das heilige Grab in Reit im Winkl, Höglwörth und in Ainring (BGL) in der „Kirch vom Ulrichshögl“ noch gezeigt.

Auch in Bergen wurde bis Mitte der 50er Jahre das heilige Grab noch aufgebaut. Dazu wurde vor dem Altar eine große bemalte Spanplatte aufgestellt, die rundum mit bun-

ten, durchsichtigen Kugeln, die von hinten mit einer Kerze oder einer Öllampe beleuchtet waren, erhellt wurden. Jesus war sichtbar als Leichnam im Grab aufgebahrt.

Die Kommunionkinder des Vorjahres waren tagsüber in stündlichem Wechsel zur Grabwache eingeteilt. In der Nacht hielten die erwachsenen Männer Wache.

Bauernregeln:

„Am Gründonnerstag und Karfreitag Regen,
gibt selten Erntesegen.“

„Karfreitag Sonnenschein
bringt uns reiche Ernte ein.“

„Wie der Wind ist am Karfreitag,
wird er sein das ganze Jahr.“

Der Karsamstag

Am Karsamstag in der Frühe wurden das Taufwasser, die Osterkerzen und das Feuer geweiht.

Das Feuer in Bergen wurde früher von Rupert Steiner sen., dem „Scheurl Rüape“, einem alten Holzknecht, aus der Urkraft der Natur entfacht. Durch das Schlagen mit einem Feuereisen auf einen Feuerstein entfache er ein Feuer und brachte damit einen speziell behandelten Buchenschwamm zum Glühen. Damit wurde dann das Feuer entzündet, das vom Pfarrer geweiht wurde.

An dem geweihten Feuer zündeten die Kinder ihre Kerzen in der Laterne oder ihre mitgebrachten Baumschwämme an, die sie fleißig schwingend, damit das Feuer nicht ausging, von Haus zu Haus trugen („Feuerlaufen“).

Am Karsamstagabend dann war die Auferstehung. Das war gerade in Bergen zu Zeiten des heiligen Grabes ein ganz besonderes Schauspiel. Der Herr Pfarrer stand am Altar, streckte die Hände zum Himmel und sang dreimal : „Christus ist auferstanden“, nach dem dritten Mal setzten Orgel und Chor in voller Lautstärke ein: „Halleluja, Halleluja, Halleluja“.

Die Glocken kamen aus Rom zurück und läuteten. Der im Grab aufgebahrte Leichnam des Herrn klappte nach vorne, ein Engel kam in die Gruft, der Auferstandene mit Fahne wurde in der Zwischenzeit nach oben gezogen und erschien oberhalb des Grabes.

Mitte der 50er Jahre fiel dann das heilige Grab der neuen Liturgie zum Opfer – leider!

(Quelle: Sigi Gehmacher)

Das „Feuerlaufen"

Das Feuerlaufen ist ein schöner Brauch, den die Kinder noch heute ausüben.

Mit dem Feuerschwamm, einem trockenen, im Vorjahr gefundenen Baumschwamm, der an einem Draht befestigt war, trugen sie das heilige Feuer von Haus zu Haus oder von Hof zu Hof. Das Feuer im Schwamm durfte nicht ausgehen, daher schwang man ihn kräftig und hielt die Glut am Leben.

Nach einem knappen „Grüß Gott, s' gweichte Feia hätt ma da", entfachten sie entweder eine Kerze oder den Ofen. Als Dank gab es ein Osterei oder ein wenig Geld.

Grundsätzlich galt bei den Kindern der Spruch „Da G'schwinda is da G'sünder", denn der zweite oder gar dritte Feuerträger ging meist leer aus.

Dieser Spruch hat sich bis heute erhalten, heute heißt er „Wer zuerst kommt, mahlt zuerst".

Die Kinder rannten, was sie konnten, manchmal den ganzen Tag. War es für sie doch eine gute Gelegenheit, Eier oder gar etwas Geld zu bekommen.

Ostersonntag

Hintergrund ist natürlich die Auferstehung Christi.

Eine Vorschrift, wie das Datum des Osterfests zu berechnen sei, wurde nie beschlossen.

Alexandria war seinerzeit das wissenschaftliche Zentrum der Welt, und so wurde dort die Oster-Rechnung entwickelt. Auf der Grundlage der astronomischen Kenntnisse wurde das Datum für den Frühlingsanfang auf einen Kalendertag im Julianischen (später auch Gregorianischen) Kalender fixiert und die Daten für den Frühlings-Vollmond für viele Jahre im Voraus angegeben.

Die Bestimmung des Ostersonntags lässt sich einfach und kurz formulieren: Man bestimme den ersten Sonntag nach dem ersten Vollmond im Frühling (Beispiel Ostern 2011).

Heute steht die Osterkerze im Mittelpunkt der Osternachtsfeier. Im 10. Jahrhundert etablierte sich die Osterkerze; sie brennt während der ganzen Osterzeit bis Pfingsten. Danach wird die Kerze neben den Taufstein gestellt und bei Taufen angezündet.

März 2011						
Mo	Di	Mi	Do	Fr	Sa	So
	1	2	3	4	5	6
7	8	9	10	11	12	13
14	15	16	17	18	19	20
21	22	23	24	25	26	27
28	29	30	31			

April 2011						
Mo	Di	Mi	Do	Fr	Sa	So
				1	2	3
4	5	6	7	8	9	10
11	12	13	14	15	16	17
18	19	20	21	22	23	24
25	26	27	28	29	30	

Frühlingsanfang

Vollmond

Ostern

In der Kirche weiht der Priester in der Osternacht das Taufwasser für das ganze Jahr. Die Gläubigen nehmen das geweihte Wasser mit nach Hause, es soll sie ebenso wie ihre Häuser vor Unheil schützen.

Das Osterei

Der Brauch, verzierte Eier zu Ostern zu verschenken, wurde durch verschiedene Anlässe angeregt und gefördert:

Speisenweihe

Seit dem 12. Jahrhundert wurde bei der österlichen Speisenweihe um die Segnung von Eiern gebetet. Das Ei als Symbol gilt als Ursprung des Lebens.

Zinseier (auch Hubeier - später Schenkeier)

sind diejenigen Eier, die früher von den Bauern am Ende des Zinsjahres, das im Mittelalter vor Ostern endete, als Bodenzins oder Pachtzins an den Grundherrn abgegeben werden mussten.

Der Ostertermin ergab sich, da es im Mittelalter Christen in der Fastenzeit verboten war, Eier zu essen, weil Hühnereier als Fleischspeise galten. Der dadurch bedingte Eierüberschuss wurde zur Bezahlung des Pachtzinses verwendet. Was übrig blieb, wurde in der Familie zum Osterfest gegessen.

Das Problem der Haltbarkeit wurde dadurch gelöst, dass die Eier gekocht und zur Unterscheidung von den nicht gekochten Eiern - meist mit Rahna (rote Beete) - eingefärbt wurden.

Mit der Aufhebung der Grundherrschaft und der Ablösung der Naturalien durch Geld entwickelte sich aus dem Schenkei alsbald das Osterei im heutigen Sinne.

Fasten

In der vierzigtägigen Fastenzeit vor Ostern verzichten viele Gläubige auf Fleischspeisen. Früher wurden auch Eier unter das Abstinenzgebot eingeordnet. Die stets beliebt gewe-

sene Speise empfing man daher an Ostern mit Freude zurück, ließ sie in den Kirchen weihen und verteilte sie gefärbt als Geschenke.

In Deutschland werden gefärbte Eier erstmals im frühen 13. Jahrhundert erwähnt.

Bräuche zu Ostern

S'Oar(Eier)scheiben

S'Oarscheiben war und ist neuerdings für Jung und Alt ein beliebter Brauch zu Ostern. Dabei werden zwei Heurechen verwendet. Die zwei Zinkenteile werden ineinander verhakt und die Stiele parallel zueinander schräg abfallend gelegt. Jetzt werden die Ostereier die entstandene Rinne heruntergerollt.

Nun legt jeder einen Pfennig - heute natürlich ein Cent-Stück - auf sein Ei.

Jetzt geht der Spaß los: die nächsten Eier werden heruntergerollt. Wenn ein Ei „abräumt", d.h. die Geldstücke fallen von dem Eien, darf der „Abräumer" diese behalten.

Nach dem Abräumen werden die Eier natürlich von allen Teilnehmern wieder mit Geld bestückt.

Spielvarianten:

Das Ei, welches am weitesten rollt, hat gewonnen. (mancherorts darf der Sieger die anderen Eier einsammeln und behalten).

Wer die untenliegenden Eier berührt, dem gehören sie.

„Oarpicken"

auch genannt: Oarhiartn (Eierhärten), Oarboxn (Eierboxn), Oarstoußn (Eierstoßen), Eiertitschen, Eierkicken, Eierpecken, Eierdüpfen, Eiertüppen, Eierticken, Eierturtschen.

Jeweils zwei Spieler nehmen ein Osterei in die Hand und kicken die Eier mit den Spitzen gegeneinander. „Spitze gegen Spitze und Boden gegen Boden", nach diesen Regeln wird auch heute noch gespielt.

Wer dabei das Ei des oder der anderen eindrücken kann, erhält dieses Ei. Das zerbrochene Ei geht also auf den Besitzer des stärkeren Eies über. Aber selbstverständlich nur, wenn das eigene Ei auch wirklich heil geblieben ist.

Wenn dabei einer mit seinem Ei immer nur gewinnt, sollte man sich das Ei aber mal genauer anschauen: Gar mancher spielt dieses Spiel nämlich auch mit Gipseiern!

Das Osterlamm

Im Brauchtum führte die Symbolik des Lammes für die Auferstehung Christi zum Backen von Osterlämmern. Das „Lamm Gottes" wird mit der Siegesfahne der Auferstehung versehen und in der Osterfeier zur Speisenweihe gebracht.

Leider wird dem „Lamm Gottes" in unserer heutigen Zeit zu wenig Aufmerksamkeit geschenkt. Eier, Osterhasen und die Schokoladenindustrie verdrängen das Lamm als das Zeichen für Unschuld und das eigentliche Zeichen der Auferstehung.

Umso schöner, wenn Ihr Osternest auch von einem Osterlamm geschmückt wird!

Die Hoch-Zeit

Über die „Bergener Hochzeit“

Im Fasching, in der Zeit von Ostern bis zur Heuernte und dem Ende der Ernte bis Kathrein, werden bzw. wurden die großen Hochzeiten nach wie vor streng nach dem Herkommen gefeiert. Man sprach entweder von einer „großen, lauten Hochzeit“ (mit Blasmusik) oder von einer „kleinen, staaden“.

Die Bezeichnung „Bauernhochzeit“ war in meiner Jugendzeit kaum gebräuchlich, denn das gesellschaftliche Leben in Bergen war über Jahrhunderte hinweg nicht nur bäuerlich, sondern auch industriell durch die Maxhütte geprägt.

Auszüge aus den Originalunterlagen von Franz Dangl, dem „Brenner Franzl“ von Anger, Bauer und Schuhmacher sowie von 1946 bis 1965 Hochzeitlader:

„Der Hochzeitlader oder Progader (Prokurator = Verwalter) ist als uneingeschränkter Vertreter des Bräutigams in der ersten Reihe der ländlichen Brauchtumsvertreter zu nennen.

(Texte: Sigmund Gehmacher)

Das Amt des Progaders ist ein Privilegium, das ebenso gekauft werden muss wie der Ladstock und der Ladspruch.

„Der Hochzeitslader“, Holzstich nach einem Gemälde von Ernst Müller.

Die Bergener Hochzeitslader:

1910 – 1938 Simon Gerhartsreiter

1946 – 1965 Franz Dangl, „Brenner Franz“

1965 – 1969 Franz Schuhbeck

1970 – 1975 Klaus Pletschacher

1978 – 1984 Herbert Pletschacher

1984 – 1996 Thomas Heindlmeier

seit 1996 haben wir keinen Progader mehr, leider!

Der Ladstock

Der Bergener Ladstock bestand aus altersgebräuntem Spansich-Rohr und war mit Ledergriff und Schlaufe versehen. Fünf Bänder in den Farben Rot, Blau, Gelb, Grün und Weiß zierten ihn. Die Farben haben die Bedeutung Liebe, Treue, Eifersucht, Hoffnung und Unschuld.

Der Bergener Ladstock dürfte ca. 150 Jahre alt sein. Leider ist er abhanden gekommen – ein kultureller Verlust. Vielleicht weiß jemand, wo er ist? Schön wär's!

Ladspruch

Genau wie der Ladstock musste der Ladspruch vom Progader von seinem Vorgänger gekauft werden.

Kein Progader gab seine Sprüche freiwillig bekannt. Und ohne die ausdrückliche Genehmigung des Progaders darf niemand seinen Ladspruch verwenden, abschreiben oder in unbefugte Hände geben.

Wir haben „Sitt und Brauch“ respektiert und die Ladsprüche, die uns vorliegen, hier nicht aufgeschrieben.

Vorbereitung zur Hochzeit
(Originalbericht vom Brenner Franz)

„Vier Wochen vor der Hochzeit, wenn das Brautpaar ins Pfarramt geht und das Aufgebot bestellt, geht es auch zum Hochzeitslader.

Dieser stellt die Liste der zu Ladenden auf und beginnt genau acht Tage vor der Hochzeit nach einer bestimmten Reihenfolge das Laden. Zuerst die Braut, die Eltern und Geschwister der Braut und des Brätigams, dann die Verwandtschaft und Nachbarschaft des Brautpaares. Weitschichtige Verwandte, Freunde und Bekannte wurden schriftlich (mit der Karte) eingeladen."

Das Aufgebot

Die Heiratsabsicht des Brautpaares musste mindestens an drei aufeinander folgenden Sonntagen nach der Predigt vom Pfarrer in der Kirche verkündet werden. Ebenso wurde das Brautpaar im Gemeindekastl „ausgehängt".

Dies musste so sein, damit man melden konnte, wenn einer von beiden schon verheiratet war oder jemand anderem das Heiraten versprochen hatte.

Das Stuhlfest

Beim Stuhlfest oder Brautleutetag wurde das Brautpaar vom Pfarrer auf die Ehe vorbereitet und aufgeklärt. Natürlich wies der Pfarrer dabei auch auf die „ehelichen Pflichten" hin.

In der Zeit, in der das Brautpaar beim Pfarrer war, befestigten die Buam und Dirndln aus der Nachbarschaft einen Kranz am Rahmen der Haustür der Braut und des Bräutigams. War der Kranz blau-weiß verziert, wusste man, dass in dem Hause der Hochzeiter wohnte, war der Kranz rotweiß verziert, war die Hochzeiterin zu Haus.

Der Junggesellenabschied

Beim „Jungessellenabschied“ für den Bräutigam und dem „Henatanz“ für die Braut nahmen beide Abschied von ihrem Ledigenstand. Dies waren (und sind heute noch) Veranstaltungen, bei denen ausgiebig gefeiert und bei denen mit den Brautleuten allerhand Gaudi gemacht wurde.

Der Hochzeitstag = Ehrentag

Nun wurde es Ernst für die Brautleute, es kam der große Ehrentag.Es begann am frühen Morgen mit dem Hochzeitschießen oder Tagreveill'n. Die Jugend aus dem Dorf weckte das Brautpaar durch laute Schüsse vor dem Haus, damit sie ja nicht verschlafen.

Pünktlich um 8.00 Uhr begab sich dann der Hochzeiter zum Gasthof, in dem die Hochzeit abgehalten wurde. Vor der Tür wurde er vom Progader begrüßt und mit Musik in das Gastzimmer geführt.

Kurz darauf empfing der Progader die Braut, die darauf vom Hochzeiter begrüßt wurde, der ihr dabei den Brautstrauß überreichte.

„Die Braut muss später kommen, sonst kommt der Hochzeiter unter den Pantoffel“, heißt es im Volksmund.

Auf der Fahrt zum Gasthaus wurden Braut und Hochzeiter von Nachbarskindern angehalten. Sie durften die Fahrt erst fortsetzen, wenn sie sich „freigekauft“ hatten, .

Nach der Begrüßung führten Hochzeiter und Progader die Braut mit ihren Angehörigen in den festlich geschmückten Saal. Allmählich kamen die anderen Gäste hinzu.

Allesamt wurden mit den Klängen der Blechmusik „eingespielt“. Dafür legten die Gäste an der Haustür ein Trinkgeld für d'Musi ins Körberl.

Die Näherin (Nohdarin) steckte den Gästen das Hochzeitsbüscherl an. Diese wurden von der Nohdarin gefertigt und bestanden aus kleinen Buchszweigen. Die Hochzeitsgäste, die am Brauttisch saßen, bekamen ein Büscherl mit einer weißen Schleife verziert, für die anderen Hochzeitsgäste waren es nur einfache Buchszweige. Dafür bekam die Nohdarin, vor allem aber für ihre Nähkunst, ein Trinkgeld.

Die Nohdarin hatte noch eine weitere wichtige Aufgabe: Sie bekam vom Wirt ein Näherinnenkammerl, wo Geschenke und sonstiges verstaut werden konnte.

Die Morgensupp'n

Als Ehrengabe des Hochzeiters gab es die Morgensuppe, die eigentlich zur Stärkung für die Gäste, die von weiter her kamen, gedacht war. Die Morgensuppn hatte aber auch eine besondere Bedeutung: Wer die Morgensuppn annahm, nahm auch das Hochzeitsmahl ein.

Ab 9.00 Uhr, wenn die meisten Gäste da waren, spielte die Musi im Saal zum Tanz auf, und zwar noch vor der Trauung. So etwas gab's nur in Bergen.

Aufstellung zum Kirchenzug

Rechtzeitig erfolgte nach der Morgensuppn dann die Aufstellung zum Kirchenzug. Dies erfolgte nach alter Sitte in folgender Reihenfolge:

- Blechmusik voran
- Hochzeiter mit Progader und „Ehrvater“
- Braut mit Brautvater oder –führer,
- Eltern, Tanten und Onkel des Brautpaares
- Jungherren und Jungfrauen des Dorfes, angeführt vom „Kranzlpaar“,

- Mannaleit
- Weiberleit (Nach dem Motto: das Beste kommt zum Schluss)

Bei der Kirche

Es wollte und will der Brauch, dass das Brautpaar vor der Trauung ein paar Minuten am Grab der verstorbenen Angehörigen innehält und derer gedenkt, die diesen Jubeltag nicht mehr erleben dürfen.

Außerdem wurde diese Zeit genutzt, damit die Teilnehmer des Kirchenzugs in der Kirche Platz nehmen konnten.

Danach empfing der Pfarrer das Brautpaar an der Kirchentüre, geleitete es zum Traualtar und nahm die Trauung vor.

Die Trauung

Nach dem Amt war das „Opfergehen". Dabei legten die Hochzeitsgäste ihre Opfer in die eigens dafür aufgestellten Körbchen. Am Altar stand der Pfarrer und schenkte geweihten Wein aus. Braut und Bräutigam durften dreimal trinken, die anderen einmal. Dazu spielte die Musik einen Prozessionsmarsch.

Mit Musik ging es danach zurück zum Gasthof. Beim Verlassen der Kirche warf der Hochzeiter den Dorfkindern Kleingeld zu, da gab es meist eine mords Gaudi und Gerangel.

In der Wirtschaft

Nach dem Hochzeits- oder Schlüssellaufen der Hochzeitsbuam (der erste bekam eine Flasche Wein und war Mahlfrei) ging es zum Fotografieren. Dann ging man in den Saal.

Hier teilte der Hochzeitslader in althergebrachter Ordnung den Gästen den Platz zu. Die Musi spielte zum Tanz auf.

Der Progader ging mit der Braut in die Küche, diese

schmeckte die Suppe ab und gab symbolisch eine Prise Salz dazu. Dann dankte sie dem Küchenpersonal fürs Aufkochen und gab ihnen ein Trinkgeld.

Pünktlich um 12.00 Uhr gab es das Hochzeitsmahl. Der Pfarrer sprach das Tischgebet und der Wirt war bemüht, das Beste aus Küche und Keller auf den Tisch zu bringen. Während des Essens nahm die Musi vor dem Brauttisch Platz und spielte „d'Mahlmusi".

Nach dem Essen wurde fleißig getanzt. Das Kranzlpaar trieb die Musi zum Spielen an. Es gab Walzer, Polka, Landler, Boarische und dazwischen immer wieder alte Tänze wie z.B. den Italiener, Münchner-Polka, Zigeunerpolka und viele mehr, nicht zu vergessen die Bergener Spezialität: den Zwiefachen, den Galopp und den Sautanz.

Bei dieser Gelegenheit sicherten sich die Buam oder die Manner die Eine, die mit ihm ins Weinstübe geht.

Zwischen Mittag und Wein besichtigten die Hochzeitsgäste des „Sach", also die Mitgift, Kammerwagen und, wenn möglich, auch den Hof, in den die Braut einheiratete.

Brautdiebstahl und s'Weinstübe

Nach dem Kaffeetrinken wurde die Braut gestohlen. Dies durften entweder nur die jungen Burschen oder die alten Weiber. Mitsamt der Braut und Brautstrauß gingen sie ins „Weinstübe". Nach und nach kamen auch die anderen Hochzeitsgäste nach.

Der Hochzeiter und der Brautführer mussten im Saal bleiben. Zu ihnen gesellten sich jetzt die „Draufgeher", das sind die, die erst nach dem Mittagessen kamen. Die Draufgeher durften nicht ins Weinstübe gehen, sondern vergnügten sich im Saal bei Blechmusik und Tanz. Im

Weinstübe spielte eine kleine Musi, es wurde getanzt und gesungen, es war einfach zünftig.

Im Saal spielte die Musi auswendig nach'm G'hör, Witze wurden nicht erzählt. Der Kranzljungherr gab der Musi einen Geldbetrag. Er durfte oder sollte damit die Musik zum fleißigem Spielen anregen. Jeder Hochzeitsgast konnte sich gegen Bezahlung der Musi seinen Tanz aufspielen lassen. Während seines Tanzes durfte er dann auch nicht abge-

klatscht abgelöst werden; er hatte ja für die Musi und den entsprechenden Tanz bezahlt!

Gegen 18.00 Uhr ging der Hochzeiter zusammen mit dem Progader und dem Brautführer zum Brautsuchen. Gegen Bezahlung der Zeche der Brautdiebe durch den Brautführer mussten diese dem Bräutigam letztendlich doch die Braut herausgeben. Kurz darauf zog alles mit Marschmusik, die Buam vom „Weinstübedirndl“ entsprechend mit einem „Aufsteckert“ geschmückt, zurück in den Saal zum Abendessen.

Das „Aufsteckert“ war ein Hutschmuck, der nicht alltäglich war. Hierfür war Phantasie und teilweise auch der Geschäftsinn der Kramerin gefragt, die die Aufsteckert an die Dirndl verkaufte.

Abendessen – Weisen und Ehrentänze

Nach dem Abendessen folgte das Weisen und Ehrenschenken. Während sich das Brautpaar für's G'schenk und die vielen Wünsche bedankte, kredenzte der Progader den Ehrentrunk (Wein) des Brautpaars.

Mit den Ehrentänzen ging die Hochzeit allmählich zu Ende. Auch hier war die Reihenfolge streng nach Herkommen festgelegt, wobei die Verwandtschaft immer im Vordergrund stand. Als Erster kam der Brautführer mit der Braut, dann der Hochzeiter mit der Braut, die Eltern und Geschwister, Onkeln und Tanten, God'n und Göd (Patin und Pate), Cousinen und „Cousannen“, Vettern und Basen, die übrige Verwandtschaft, s'Kranzlpaar, d'Nachbarschaft, Bekannte, Vereine, d'Nohdarin, Kranzbinder, Schiaßer, Hochzeitsfahrer, Brautdiebe, und, und, und ... Zuletzt wurden die Wirtsleut mit dem Hauspersonal, dem „Hausgraffe“, zum Tanz gebeten. Ganz zum Schluss tanzte dann der Progader mit der Braut.

Mit dem Satz „So, jetzt kriagts no oan drein, dann will d'Musi für's Spiel'n zahlt sein", war der Hochzeitslader von seiner großen Verantwortung entbunden.

„Zeit zum Ausschnaufen und für a Glasei Wein in aller Ruhe" - so der Brennei.

Die Hochzeitsgesellschaft hatte ihren Spaß mit der Musi, die aber ab jetzt von ihr bezahlt sein wollte. Je zahlungskräftiger also die Gäste, desto später wurde der Abend. Das Brautpaar musste jedenfalls vor Mitternacht zu Hause sein. Sonst, so sagt der Volksmund, begleitet der Teufel die Ehe.

Vor dem Wirtshaus spielte die Musikkapelle zum Abschied noch ein Brautlied, z.B. „Schön war die Jugendzeit". Und wenn das Brautpaar um's Eck war, gab es noch den „Vögelfanger".

Abschließend:

Die Hochzeiten fanden früher meistens am Montag statt, auf gar keinen Fall an einem Samstag! Nicht dass am Sonntag die Kirche leer ist! D'Manna haben im schwarzen Anzug und schwarzem Hut mit dunklem Band geheiratet, die Weiber in der Tracht. Ab 14.00 wurde Lustbarkeitssteuer kassiert und auf d'Nacht sind die „Hochzeitsschauer" gekommen.

Ein Satz noch von Sigi Gehmacher:

„So war's, wia i's aus Überlieferungen woaß und wia i's selbst erlebt hab. I hab's zammgschrieb'n, damit's ned vergessen wird, die „Bergener Hochzeit", erheb aber koan Anspruch auf Vollständigkeit"

Euer Sigi Gehmacher

1. Mai – Maria - Patrona Bavariae

Ursprünglich war der 14.Mai der Tag des Marienfestes, wurde jedoch durch die Neuordnung des Diözesankalenders nach dem Zweiten Vatikanischen Konzil ab 1970 auf den 1. Mai vorverlegt. Kurfürst Maximilian I. machte Maria zur Patrona Bavariae, indem er 1610 eine Münze prägen ließ, die Maria als Schutzpatronin Münchens zeigt.

Am Vorabend des Dreißigjährigen Krieges ließ Maximilian I an der Westseite der Münchner Residenz die aus Bronze gegossene Statue „Patrona Boiariae" aufstellen. Sie zeigt die Gottesmutter auf einer Mondsichel stehend, in der linken Hand das Zepter, mit der rechten Hand das Christuskind haltend. Sie gilt als Ursprung der Hausmadonna, die seither bis in unsere Zeit hinein in vielen Häusern ihren festen Platz gefunden hat.

Auch die lateinische Inschrift unter der Marienstatue der Residenz „Sub tuum praesidium confugimus, sub quo secure laetique degimus" („Unter Deinen Schutz fliehen wir, in dem wir froh und sicher leben") gehört bis heute zum festen Bestandteil einer Hausmadonna.

Maria ist auch die Schutzpatronin der bayerischen Gebirgsschützen, die ihre Existenz in der von Maximilian I. im Jahre 1600 eingeführten „Landesdefension" zurückführen. Sie haben gundsätzlich an dem Sonntag, der dem 1. Mai am nächsten liegt, ihren Patronatstag.

Maibaum – Maitanz

Der Maibaum ist ein Zeichen der Freude, der Jugend, des Frühlings und der Fruchtbarkeit. Man kennt ihn seit dem 16. Jahrhundert, allerdings als Kirchweihbaum, Ehrenbaum oder einfach als mit Preisen behangene Kletterstange.

Alles neu / macht der Mai – und das wird ordentlich gefeiert. Der Maibaum wird hergrollt (oben). Auch die Dirndl sitzen auf (unten), dann wird er eingricht und aufgstellt (rechts oben und folgende Seiten)

Am Schluss wird der Baum niet- und nagelfest gemacht (oben), und wenn er ordentlich steht, wird auch ordentlich gefeiert.

Seit dem 19. Jahrhundert kam er bei uns als Ortsmaibaum für die nun selbständig gewordenen Gemeinden auf.

Er wird von den ledigen Buam aufgestellt. Rechtzeitig (Im Januar) wird ein geeigneter Baum, meist eine Fichte, ausgesucht und gefällt. Kurz vor dem 1. Mai wird er aus dem Wald geholt und zum Aufstellen hergerichtet. Dabei ist es von Region zu Region unterschiedlich, ob der Baum nur geschepst, also entrindet, aber naturbelassen, oder weiß-blau angestrichen wird. Es ist ein guter alter Brauch, daß der Baum von den Burschen der Nachbargemeinde gestohlen wird. Gegen Bier und Brotzeit bringen sie ihn dann rechtzeitig zum Aufstellen zurück und helfen tatkräftig mit. Um das Stehlen zu ver-

Gasthof Maurer

hindern, wird der Maibaum natürlich gut versteckt und bewacht. Dabei ist es schon öfters zu großen Raufereien zwischen den Bewachern und den Dieben gekommen.

Der Maibaum wird gestiftet, entweder vom Bürgermeister, der Gemeinde, der Forstverwaltung oder sonst einem Gönner. Beim Aufstellen um den 1. Mai nehmen die ganze Gemeinde und die Leute aus der Umgebung teil. Es spielt die Blasmusik, und die Buam und Dirndl plattln und tanzen. Der krönende Abschluß ist der Maitanz.

Neben der geschmückten Spitze und dem Kranz zieren den Baum Figuren, welche die im Ort ansässigen Zünfte, Berufe und Vereine darstellen und von diesen gestiftet werden. Aufgestellt wird der Baum in der Regel mit Hilfe von Stangen von den Burschen des Trachtenvereins.

Seit 2005 reglementiert auch hier der Staat wieder einmal alte Traditionen: Einmal im Jahr prüft der TÜV die Standfestigkeit des Maibaums.

Auch der Obstanger auf dem Schusterhof beginnt zu blühen.

4. Mai – Sankt Florian

Auf den 4. Mai trifft das Fest des heiligen Florian. Dieser Tag war früher ein Bauernfeiertag.

Der heilige Florian wurde um das Jahr 304 im österreichischen Fluss Enns ertränkt und wurde zum Schutzpatron gegen Feuersnot und für die Feuerwehren.

Früher gab es fast in jedem Bauernhaus ein Bild vom heiligen Florian, auf denen er als römischer Krieger mit einem Wasserschaff dargestellt war.

Die Feuersgefahr war auf dem Land schon immer groß. Feuerwehren, wie wir sie heute kennen, gab es früher nicht. Ein Brand musste von den Hausbewohner und Nachbarn selbst gelöscht werden. Auch das Werkzeug hierzu war damals ein anderes. Schläuche und Hochleistungspumpen gab es nicht, nur Kübel und feuchte Decken.

Meist stand unter dem Floriansbild der Spruch: „Oh Heiliger St. Florian, beschütz mein Haus, zünd's andere an!"

12. bis 14. Mai - Die Eisheiligen

Eisheilige nennt man die Tage vom 12. bis 14. Mai, nach den Heiligen Pankratius, Servatius und Bonifatius benannt.

Klimatisch bedingt gibt es bei uns in Mitteleuropa an diesen Tagen oftmals Kälteeinbrüche, die auch nochmal Schnee mit sich bringen können. Deshalb sollte man vor den Eisheiligen nichts säen oder pflanzen. Auch das Vieh wurde gewöhnlich nicht vor den Eisheiligen ausgetrieben.

In Norddeutschland werden auch der 11. Mai mit Mamertus und in Süddeutschland der 15. Mai mit Sophia, der „kalten Sophie", zu den Eisheiligen gezählt.

Vor Bonifaz kein Sommer, nach der Sophie kein Frost.

Vor Nachtfrost du nie sicher bist, bis Sophie vorüber ist.

Pankrazi, Servazi und Bonifazi, sind drei frostige Bazi.

Und zum Schluss fehlt nie die kalte Sophie.

Christi Himmelfahrt
40 Tage nach Ostern

Christi Himmelfahrt wird 40 Tage nach dem Ostersonntag, also immer an einem Donnerstag, begangen. Diese 40 Tage gehen zurück auf das Zeugnis des Lukas:

„Den Aposteln erwies er sich nach seinem Leiden auch durch viele Beweise als lebendig, indem er ihnen während vierzig Tagen erschien und über das Reich Gottes redete."

An Himmelfahrt endet die Osterzeit offiziell, die Osterkerze wird nun gelöscht.

Bei uns wird in neuerer Zeit an Christi Himmelfahrt lautstark und feucht-fröhlich der „Vatertag" gefeiert. Auch dieser Brauch hat seine Wurzeln in dem christlichen Feiertag: Seit alters her waren am Himmelfahrtstag Flurumgänge und -umritte üblich, an denen die Grenzen der Grundstücke mit Weihwasser besprüht wurden. Bereits im Mittelalter waren diese Umgänge zu Ausflügen verkommen, bei denen der Alkohol eine weitaus größere Rolle spielte als das Weihwasser.

Pfingsten
50 Tage nach Ostern

Pfingsten ist ein christliches Fest jüdischen Ursprunges. Es geht auf das jüdische *Wochenfest* Schawuot zurück und wird wie dieses am *fünfzigsten* Tag nach Ostern gefeiert.

Gefeiert wird von den Gläubigen die Entsendung des Heiligen Geistes.

Im 6. Jahrhundert wurde eine Taube zum Symbol des Heiligen Geistes und damit auch für Pfingsten. Im Mittelalter wurde der Heilige Geist auch in menschlicher Gestalt dargestellt, Papst Urban VIII. untersagte im 17. Jahrhundert solche Darstellungen.

Von den alten Pfingstbräuchen haben sich lediglich noch Flur-Umritte und Wettersegen erhalten, gelegentlich werden Pfingstfeuer entzündet. In Vergessenheit geraten ist der mittelalterliche Brauch des „Heiligen Geist Schwingens": dabei wurde eine hölzerne Taube durch eine Öffnung der Kirchendecke herabgelassen und in Schwingung versetzt.

Verbreitet war auch das Freilassen lebendiger Tauben, die während des Pfingstgottesdienstes im Kirchenraum herumflogen. Auch dieser Brauch ist längst in Vergessenheit geraten.

Im Zusammenhang mit Pfingsten hat sich ein Tier einen besonderen Namen gemacht: **der Pfingstochse.**

Bis ins 19. Jahrhundert war es in ländlichen Gebieten ein weitverbreiteter Brauch, einen Pfingstochsen durch das Dorf zu treiben. Der Hintergrund hierfür dürfte ursprünglich die Darbringung eines Tieropfers gewesen sein, denn lange Zeit war das Tier zum Schlachten für das festliche Pfingstessen vorgesehen.

Fronleichnam
60 Tage nach Ostern

Der römisch-katholische Feiertag Fronleichnam, das „Hochfest des Leibes und Blutes Christi", wird am zweiten Donnerstag nach Pfingsten, also 10 Tage nach Pfingsten, gefeiert. Der Name „Fronleichnam" stammt von „fron" = „Herr", und „lichnam" = „Leib", weist also auf die Elemente der Eucharistie hin.

Die Basilika in Bolsena begründet durch das „Blutwunder von Bolsena" die Einführung des Festes Fronleichnam.

1263 feierte der böhmische Priester Peter von Prag auf seiner Pilgerfahrt nach Rom in der Kirche in Bolsena eine Messe.

Er hatte Mühe mit dem Glauben an die heilige Wandlung während der Eucharistie, wo das Blut und der Leib Christi sich in Wein und Brot verwandelt wird. Aber er wurde überzeugt, als bei seiner Messe einige Tropfen Blut von der Hostie auf das Corporale – also das Tuch, worauf Hostienteller und Kelch stehen – oder nach anderer Überlieferung auch auf die Messgewänder und den Marmorfußboden der Kirche fielen.

Zum Andenken daran erhob Papst Urban IV. schon ein Jahr danach das 1246 in Belgien entstandene Fronleichnamfest zum allgemeinen Kirchenfest.

Seine Beliebtheit verdankt dieser Festtag vor allem der reich geschmückten Prozession, bei der die Elemente der Eucharistie, vor allem der Leib Christi in der Monstranz, durch die Straßen und über die Felder getragen werden.

Der Sommer
ziagt ins Land

8. Juni - Der Heilige Medardus

Der „Heubrunzer"

Bei unseren Nachforschungen über das Brauchtum stießen wir bei keinem Heiligen auf so lustige Bauernregeln wie bei Medardus, weswegen wir hier keinesfalls auf ihn verzichten wollen.
Als Sohn eines fränkischen Adligen wurde Medardus 505 n. Ch. Priester und 530 Bischof von Tournai (Belgien). Seine hingebungsvolle Liebe zu Armen und Notleidenden und seine Gabe, Wunder zu wirken, ließen ihn schon früh weite Verehrung finden.

Die Legende erzählt, wie Medardus bei einer Wanderung übers Feld von einem Gewitter überrascht wurde und ein Adler kam, der ihn mit seinen Schwingen vor dem Nasswerden schützte. Offensichtlich fing sich Merdardus durch diese Legende seinen eher unchristlichen Beinamen hier im Chiemgau ein: der Heubrunzer.

Eine alte, wenig bekannte Bauerregel sagt: „Regnet's an Medardi ins trockene Heu nei, wird's den ganzen Sommer so sei".

„Medardus ist ein nasser, hält so schlecht das Wasser."

(Quelle: Sigi Gehmacher)

Die Schafskälte um den 11. Juni

Mit einer Wahrscheinlichkeit von 89 Prozent trifft uns die so genannte Schafskälte um den 11. Juni. Damit sind empfindlich kühle, wechselhafte und oft auch regenreiche Tage gemeint, die sich nach einer ersten sommerlich warmen

Nicht nur sein Pelz schützt das Schaf vor dem Frost, sondern – wie bei dem Saatgut – auch der Schnee.

Witterungsperiode Ende Mai meist noch vor Mitte Juni einstellen.

Eine typische Schafskälte braucht eine kühle und feuchte Nordweströmung. Bei einer „richtig echten Schafskälte", wie sie zum Beispiel im Jahr 1998 aufgetreten ist, fallen die durchschnittlichen Temperaturen auf etwa 5 - 10 Grad ab.

Die Schafskälte kommt so regelmäßig, dass sie sich in langjährigen klimatologischen Durchschnittsdaten nachweisen lässt. Der Temperaturabfall um den 11. Juni ist in unseren Regionen weit eher zu spüren als im Flachland.

Die Leute wussten das früher auch ohne Klimaforschung, aus ihrer Erfahrung heraus. Über Jahrhunderte wurden bei uns, d.h. im Alpenvorland, die Schafe am 15. Mai in den Wald bzw. auf den Berg getrieben. 14 Tage vorher wurden sie geschoren, der Kälteeinbruch konnte dadurch für die Tiere schon bedrohlich werden.

24. Juni - Johanni

In der Nacht des 24. Juni werden in Tirol, Nieder- und Oberösterreich, Bayern, Baden-Württemberg und Mitteldeutschland (Harz) die Johannisfeuer entzündet.

Der 24. Juni ist der Geburtstag Johannes des Täufers. Die Kirche versuchte bereits im Mittelalter, die älteren Sonnwendfeuer durch die Johannisfeuer zu ersetzen.

Das Entzünden von Johannisfeuern ist seit dem 12. Jahrhundert bekannt und seit dem 14. Jahrhundert häufig belegt. Im Mittelalter wurden rund um die „Johannisfeuer" Tänze aufgeführt.

Da das Fest des heiligen Johannes in die Zeit der Sommersonnenwende fällt, war es im Volksglauben mit vielen Bräuchen – besonders Reinigungs- und Fruchtbarkeitsriten – verbunden.

Der Sprung über das Johannisfeuer sollte sowohl baldige Heirat als auch Schutz vor Hexen und Geistern versprechen. Angebrannte Holzstücke steckte man in Felder und Äcker, um diese vor Ungeziefer zu schützen.

Sonnwendfeuer

Die Feuer zur Sommersonnenwende weisen wohl vorchristliche Wurzeln auf, waren aber vor allem im Mittelalter sehr verbreitet und haben sich bis in unsere Zeit erhalten.

Im Zuge der Christianisierung ersetzte die Kirche das Fest der Sommersonnenwende durch jenes der Geburt Johannes des Täufers am 24.6. (=> Johannisfeuer), aus den Sonnwendfeuern wurden die Johannisfeuer.

27. Juni - Siebenschläfer

Der Siebenschläfertag ist ein so wichtiger Tag im bäuerlichen Wetterkalender, weil sich an diesem Tag entscheidet, wie das Wetter die nächsten sieben Wochen wird.

Nachdem es diese alte Bauerregel schon sehr lange gibt, hat sich das Datum durch die gregorianische Kalenderreform verschoben und gilt eigentlich für die Zeit um den 7. Juli.

In dieser Zeit liegt Mitteleuropa im Einflussgebiet zweier Luftmassen: im Norden polare Kaltluft, im Süden tropische Warmluft. Die Wetterregel hat eine hohe Genauigkeit: In 80 % trifft sie für Süddeutschland, in gut zwei Drittel aller Sommer für den Norden zu.

Meist verbinden die Menschen den Siebenschläfer mit dem gleichnamigen Nagetier, was allerdings ein Irrglaube ist. Nach einer alten Legende hatten sieben junge Christen in der Zeit der Christenverfolgung unter Kaiser Decius (249-251) in einer Berghöhle nahe Ephesus Zuflucht gesucht. Sie wurden entdeckt und lebendig eingemauert. Der Legende nach starben sie nicht, sondern schliefen 195 Jahre lang. Am 27. Juni 446 wurden sie zufällig entdeckt, wachten auf, bezeugten den Glauben an die Auferstehung der Toten und starben wenig später.

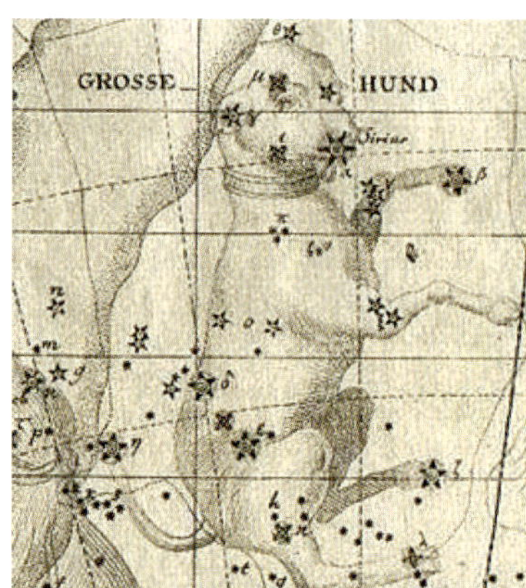

Die Handstag im Kalender

23. Juli - Hundstage

„Hundstage“ ist die Bezeichnung für eine Schönwetterperiode, die nach dem Sternbild „Großer Hund“ (Canis Major), das Anfang August mit der Sonne auf- und untergeht, benannt wurde. Während der Hundstage (die in Deutschland schon um St. Batholomä enden), befinden wir uns überwiegend auf der Südseite der Erdhalbkugel und damit vorwiegend unter dem subtropischen Hochdruckgürtel.

Bauernregeln

Heiße Hundstage prophezeien einen kalten Winter.

Hundstage heiß, Winter lange weiß.

Hundstage heiß und schwül,
braucht der Bauer Hände viel.

Wie die Hundstage anfangen, so gehen sie aus.

25. Juli - St. Jakob

Nicht zuletzt durch den Komiker H.P. Kerkeling wurde der „Jakobsweg“ bekannt. Weniger bekannt ist, dass es nicht nur einen, sondern zahlreiche Jakobswege im europäischen Raum gibt, die allesamt auf den letzten, großen in Spanien gelegenen nach Santiago de Compostela führen.

So zum Beispiel führt der voralpine Jakobsweg mit einer Gesamtlänge von 271 km von Salzburg über Bergen nach Hohenpeißenberg. In Bergen haben sie die Möglichkeit, in der Pfarrkirche St. Ägidius beim Pilgerstein des Minnesängers Tannhäuser innezuhalten und zu beten.

Auch die Jakobsmuschel hat ihren Namen von St. Jakob,

dem Schutzpatron der Pilger. Die christlichen Pilger des Mittelalters benutzten die Jakobsmuschel zum Wasserschöpfen. Als Pilgerzeichen am Hut oder am Gürtel getragen, ist sie geschichtlich mit der Wallfahrt nach Santiago de Compostela verbunden, um damit an den Besuch des Grabs des heiligen Jakobus zu erinnern.

Die Muschel war mehr als nur ein Souvenir. Nach der Rückkehr in die Heimat sicherte sie ihrem Träger Ansehen, und mancher ließ sich die Muschel ins Grab legen.

Oft wurden am Jakobstag auch Märkte abgehalten, an denen Obst, Gemüse und sonstige Waren verkauft wurden. Daher kommt auch der Begriff des „billigen Jakobs". Das war nämlich der Händler, der seine Waren zu besonders günstigen Preisen feilbot.

6. August - Das Fellnerfest

Seit 1886 wird am 6. August auf dem Hochfelln der verstorbenen Almleut (Almbauern und Sennerinnen) sowie der Holzknechte gedacht und für einen guten Almsommer gebetet. Außerdem werden die Heilkräuter der Bergwelt geweiht.

Tausende von Bergfreunden aus dem Chiemgau und darüber hinaus nehmen an dem „Fellnerfest" teil, wobei neben dem seelischen auch auf das leibliche Wohl geachtet wird.

Viele hohe kirchliche Würdenträger haben neben dem Ortsgeistlichen auf dem schönsten Aussichtsberg im Chiemgau schon das Messopfer gefeiert, so z.B. Erzbischof Friedrich Kardinal Wetter und im Jahr 2008 Erzbischof Reinhard Marx.

15. August - Mariä Himmelfahrt

Die katholische Kirche feiert am 15. August das von Papst Pius XII. 1950 verkündete Dogma der „leiblichen Aufnahme Marias in den Himmel“.

Eine andere Legende, die das Brauchtum um Maria Himmelfahrt besser beschreibt, besagt, dass die Jünger das Grab Marias öffneten und darin nicht mehr deren Leichnam, sondern nur noch Blüten und Kräuter fanden.

Deshalb werden in der katholischen Kirche seit Jahrhunderten zu Maria Himmelfahrt Kräuter geweiht: Aus sieben verschiedenen Kräutern - die Zahl symbolisiert die sieben Sakramente oder die sieben Schmerzen Mariens - werden Sträuße gebunden und zur feierlichen Kräuterweihe gebracht. Die Sträuße werden dann auf dem Dachboden aufgehängt und sollen gegen Krankheiten, Unheil, Gewitter und Blitzschlag helfen, oft werden zerriebene Blätter davon kranken Tieren ins Futter gemischt.

„Frauenoar“

Die Eier, die die Hühner in den 30 Tagen nach Maria Himmelfahrt legen, nennt man „Frauenoar“, sie gelten als besonders haltbar. Sie mussten nicht, wie früher üblich, „einkoichd“ werden, also eingekalkt, d.h. in einer Lauge aus Kalk und Wasser haltbar gemacht werden.

Auch ist Maria Himmelfahrt der Beginn des „Frauendreißiger“ bis zu Mariä Namen am 12. September. Sein Ursprung liegt im Volksglauben, nach dem diese Spanne als besonders günstige Zeit für das Sammeln von Kräutern gilt, denen dann ihre größte Heilkraft zugeschrieben wird.

Zu Ehren der Patrona Bavariae und anlässlich der mit dem Hochfest Marä Himmelfahrt verbundenen Kräuterweihe finden zahlreiche Abendandachten und Wallfahrten statt. Am bekanntesten ist die Kirchfahrt der Almbauern nach Hinterriß.

24. August - St. Bartholomäus

Ende der Hundstage, es fängt an zu herbsteln.

Ende der Almzeit auf den Hochalmen; das Vieh wird auf die Niederalmen getrieben und bleibt dort bis zum Almabtrieb im Herbst.

Die Fische hören auf, in die Länge zu wachsen und legen nur mehr in der Dicke zu. Am Bartholomäustag begannen daher früher die Vorbereitungen fürs Weihnachtsfest: es wurden die Gänse und Karpfen ausgewählt, die fürs Fest gemästet werden sollten.

In der Bartholomäusnacht gehen geheimnisvolle Reiter um, die sich wohl aus der Bartholomäus-Nacht herleiten. Sie bezeichnet das Massaker an 2000 französischen Protestanten in der Nacht des 24. August 1572, als nach den drei Religionskriegen den Hugenotten in Frankreich auf Geheiß von Katharina de Medici ein endgültiger Schlag versetzt wurde.

„Ist an Barthlmä der Himmel offen, wollen wir auf gutes Herbsten hoffen."

Nicht zu vergessen ist auch die Wallfahrt von Maria Alm über das Steinerne Meer nach St. Bartholomä am Königsee, die jedes Jahr am Samstag nach dem 24. August stattfindet.

Almkirta – Almkirchweih

Der Almkirschta hatte früher mit Kirche und Weihe wenig zu tun. Es ging ausschließlich ums Feiern! Einmal während des Almsommers trafen sich die jungen Leute auf der Alm, um die Sennerin oder den Senner zu besuchen und mit ihr/ihm zu feiern. Dabei wurde gegessen und getrunken, musiziert, getanzt und gesungen. Es war einfach lustig.

Man muß bedenken, daß der Senn oder die Sennerin am 1. Juni auftrieb und an Michaeli wieder heimkam. In diesen vier Monaten verließ er/sie vielleicht ein- oder zweimal die Alm, um im Tal wichtige Besorgungen zu machen.

Die Wege mussten zu Fuß zurückgelegt werden, Fahrzeuge gab es nicht, damit auch oft wochenlang keinen Besuch. Da freute man sich dann richtig auf den Almkirschta.

Almkirschta wird heutzutage groß mit einem Gottesdienst und einer weltlichen Feier begangen.

Die größten Almkirschta finden in unserer Region auf der Winklmoosalm, der Röthlmoosalm und der Hefteralm statt.

Es herbstelt

29. September - St. Michael

An Michaeli, wie der Tag auch genannt wird, ist der Apfel pflückreif und die Obsternte kann beginnen.

An Michaeli fing die Lichtarbeit an; die Spinnräder wurden vom Dachboden heruntergeholt.

„Michaeli zünds Liachtl o, dass 's Dirndl spinna ko."

Nach altem Herkommen findet an manchen Orten um diese Zeit ein „Michaelimarkt" statt. Spätestens jetzt soll das Vieh von den Almen gebracht werden.

„Da Summa, der is aussi, is scho obi übers Tal.
Pfiat Di Gott, Du scheene Alma,
Pfiat di Gott viel tausendmal!

Schee staad is scho g'wordn,
koa Vogerl singt nimmer mehr.
Und es waaht scho der Schneewind,
vom Wetterstoan her.

So hart, wia ma heid is, is mia a no niemals g'wen.
So, als sollt i meine Alma heid zum letzten Mal sehn.
Und muss i gar boid scho zur ewigen Ruh,
Dann deckts mi mid Felsstoa und Almbliamal zu!"

Almabtrieb

Der Almabtrieb ist das Dankfest der Bauern, Senner und Hirten, wenn das Vieh wieder gesund von der Alm zurück in den Stall kommt. Die einzelnen Abtriebe finden zu unterschiedlichen Zeiten statt. Dies ist stark wetterabhängig.

Zum Almabtrieb werden die Tiere geschmückt. Der Schmuck besteht aus Tannengrün, Wacholderzweigen und Almblumen, verziert mit bunten Bändern, Papierrosen, Flitter und kleinen Spiegeln. Diese sollen, in Verbindung mit

dem Geläut der Almglocken, die feindlichen Dämonen auf dem Abtriebsweg vertreiben.

In Bayern werden alle Kühe derart geschmückt. Im Allgäu hingegen erhält nur die Leitkuh den Kopfschmuck. Als weiteren Schmuck erhalten die Kühe meist Glocken um den Hals. Die Kühe haben, je nach Rangordnung, verschieden klingende Glocken umgehängt.

Das Aufkranzen des Almviehs wird urkundlich erstmals in einem Pustertaler Inventar von 1746 erwähnt. Das Schmücken der Tiere beim Almabtrieb dürfte jedoch auf wesentlich ältere Zeiten zurückgehen.

Bekränzt (geschmückt mit Blumengebinden etc.) werden die Tiere nur dann, wenn in diesem Jahr kein Vieh zu Schaden kam (Krankheit etc.). Verstarb im Bauernhaus im Tal diesjährig jemand, wurde das Vieh schwarz geschmückt.

Erntedankfest

Am Ersten Sonntag im Oktober wird Erntedank gefeiert. Dieser Brauch geht weit zurück und begründet sich mit dem Dank an die Natur und Mutter Erde, die uns während des Jahres all die Gaben hervorgebracht hat, von denen wir leben. In der Kirche ist Erntedank bereits seit dem 3. Jahrhundert belegt. In den Kirchen werden die Früchte geweiht, die von fleißigen Helfern um und auf dem Altar ausgebreitet werden.

Oft geht in neuerer Zeit das Erntedankfest auch mit der Kirchweih einher.

Vom „Einheigbier"

An dem Tag, an dem das letzte Fuder (Ladung) Heu eingefahren wurde, sagte der Bauer, wenn die letzte Gabel Heu auf dem Wagen und der Wiesbaum gebunden war, die erlö-

senden Worte: „Eing'heigt is!“ Die Fuderfasserin auf dem Heuwagen stieß einen freudigen Juchzerer aus.

Und auf d'Nacht gabs dann (vielleicht) zum Essen a Bier, das so genannte „Einheigbier“.

Die Drischleg

In den Monaten Oktober und November war die Zeit, in der das Getreide gedroschen wurde.

Früher machte man das mit dem Dreschflegel, später wurde die Dreschmaschine eingesetzt, die anfangs mit Pferden (Göppel), später mit Strom betrieben wurde. Die Nachbarn halfen sich gegenseitig, die Verantwortung lag beim „Maschinisten“.

Zum Abschluß der Drescharbeiten wurde bei der sogenannten „Drischleg“ gefeiert. Es gab Gutes zu Essen und zu Trinken und gar mancher Schabernack wurde getrieben (Es waren auch Frauen dabei).

(Text: Sigi Gehmacher)

Kirchweih

Ursprünglich wurde in Bayern bis 1866 Kirchweih immer am Sonntag vor oder nach an dem Tag des Namenspatrons der entsprechenden Kirche gefeiert.

Zu gerne beteiligte sich die Nachbargemeinde an den Feierlichkeiten der Gemeinde, die gerade Kirchweih hatte, und so wurde die Anzahl der Vergnügungsveranstaltungen in den

Augen der Obrigkeit zu viel. Die traditionelle Dorfkirchweih wurde durch einen Termin für alle Kirchen ersetzt und in den Herbst, nämlich auf den dritten Sonntag im Oktober, gelegt.

Der Volksmund gab diesem Festtag den Namen *Allerweltskirta,* um deutlich zu machen, dass dieser Feiertag für „alle Welt" und nicht nur die einzelne Kirchengemeinde gilt.

Mit Kirchweih sind natürlich auch in unserer Region noch zwei Dinge der Brauch:

– **Die Kirtahutschn**, auf der die Kinder ihren Spass haben und
- **Die Kirchweihgans**.

Und tanzt werd scho aa!

21. Oktober - St. Ursula

Altweibersommer – dann wird der Herbst trocken.

Gemeint ist mit dem Begriff „Altweibersommer“ aber kein Sommerwetter für ältere Frauen. Der Ursprung dieser Bezeichnung führt weit in die Vergangenheit, in die germanische Mythologie. Mit „weiben“ wurde im Altdeutschen das Knüpfen von Spinnweben bezeichnet.

An September-Tagen mit sonnigem Wetter kühlt es sich in den klaren Nächten stark ab, so dass in den Morgenstunden durch den Tau die Spinnweben deutlich zu erkennen sind. Die seltsam glänzenden Fäden („Herbstfäden“) glitzern im Sonnenlicht wie lange, silbergraue Haare.

Im Christentum entstandene Legenden wiederum wissen zu berichten, dass die Silberfäden des Altweibersommers aus dem Mantel Marias stammen, den sie bei ihrer Himmelfahrt trug. Im Volksmund heißen deshalb diese Spinnfäden auch „Marienfäden“, „Marienseide“, „Marienhaar“ oder „Unserer Lieben Frauen Gespinnst“.

Weitere Bücher aus dem Knürr Verlag München

Münchner »Sturmwarnung« Stufe III

Hinterhofgedanken eines typischen Münchner Grantlers von Corinna Binzer

160 Seiten, 14 x 21 cm, gebunden

ISBN 978-3-928432-46-7

€ 9,90

Mythos Weißwurst

von Peter M. Lill und Ludwig Margraf
Geschichten, Anekdoten und Wissenswertes über die Primadonna der Würste. Köstliche Zeichnungen und historische Fotos

160 Seiten, 14 x 21 cm, gebunden

ISBN 978-3-928432-23-8

€ 9,90

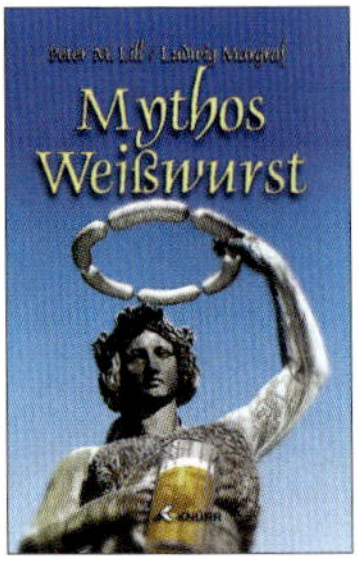

Golfer müssen verrückt sein

von K. J. Rabe
Ein heiter, satirisches Buch über den dauernden Kampf ums Handicap.
Das absolute Lesevergnügen für Golfer und die es werden wollen.

160 Seiten
14 x 21 cm, gebunden

ISBN 978-3-928432-22-1

€ 9,90

Boarisch g'lacht

von Claus M. Baumann
Witze und Anekdoten aus Bayern
Lustige Witze über das Leben der Bayern und dem „liebenswerten“ Umgang mit den Preussen.
Mit 30 Zeichnungen von Andrea Mangold

160 Seiten
14 x 21 cm, gebunden

ISBN 978-3-928432-18-4

€ 9,90

Der Englische Garten in München

Umfassendstes Werk über den größten Stadtpark der Welt.

30 Fachautoren beleuchten die beliebte Münchner Freizeitoase.
Gartenkunstdenkmal – Naturschönheit – Paradies der Münchner, zusammengestellt von Pankraz Frhr. v. Freyberg.
Format: 19 x 23 cm, gebunden,
304 Seiten, reich bebildert.

ISBN 3-978-928432-29-0 **€** 12,40

D'Wiesn Geschichten rund ums Münchner Oktoberfest

Ein Blick hinter die Kulissen des grössten Volksfestes der Welt.

Heiteres, Kurioses, Unbekanntes, erlebt von Wiesenwirten, Schaustellern, Wiesnpersonal und Behörden.
von Hermann Memmel, Helmut Schmid und Max Spiegl. Zeichnungen von Ernst Hürlimann
160 Seiten, 14 x 21 cm, gebunden

ISBN: 978-3-928432-41-2 **€** 9,90

ALOIS KNÜRR VERLAGS-GMBH

Sperberstraße 23 · D-81827 München · Tel. 0 89/43 76 61 00 · Fax 0 89/4 39 29 86
knuerr-verlag@t-online.de · www.knuerr-verlag.de